Neu erzählt und mit
Übungen versehen von
Achim Seiffarth

Die Nibelungen

Layout: Nadia Maestri
Illustrationen: Ivan Canu

© 2000 Cideb Editrice, Genua

Alle Rechte vorbehalten.
Die Verbreitung dieses Buches oder von Teilen daraus durch Film, Funk oder Fernsehen, der Nachdruck und die fotomechanische Wiedergabe sind nur mit vorheriger schriftlicher Genehmigung des Verlages gestattet.

In einigen Fällen ist es trotz intensiver Bemühungen nicht gelungen, die Rechteinhaber von Texten oder Abbildungen zu ermitteln. Für entsprechende Hinweise wären wir dankbar.

Wir würden uns freuen, von Ihnen zu erfahren, ob Ihnen dieses Buch gefallen hat. Wenn Sie uns Ihre Eindrücke mitteilen oder Verbesserungsvorschläge machen möchten, oder wenn Sie Informationen über unsere Verlagsproduktion wünschen, schreiben Sie bitte an:
redaktion@cideb.it
www.cideb.it

ISBN 88-7754-754-5

Gedruckt in Genua, bei Litoprint

Inhalt

Personenverzeichnis	5
Kreuz und Schwert ...	6
KAPITEL 1 — Siegfrieds erste Abenteuer	8
ÜBUNGEN	15
Was ist ein Turnier?	21
KAPITEL 2 — Siegfried reitet nach Worms	23
KAPITEL 3 — Der Sachsenkrieg	27
KAPITEL 4 — Siegfried wird Kriemhild vorgestellt	31
ÜBUNGEN	34
KAPITEL 5 — Heiratspläne	38
KAPITEL 6 — Kampf mit Brünhild	41
ÜBUNGEN	49
KAPITEL 7 — Doppelhochzeit	53
KAPITEL 8 — Siegfried hilft Gunther noch einmal	60
ÜBUNGEN	66
Zur Geschichte ...	71
KAPITEL 9 — Der Streit der Königinnen	73
ÜBUNGEN	77

KAPITEL 10	Hagens Plan	83
	ÜBUNGEN	88
	Zur Sprachgeschichte	93
KAPITEL 11	Mord	96
KAPITEL 12	Das Gold der Nibelungen	101
	ÜBUNGEN	107
KAPITEL 13	Kriemhild heiratet wieder	111
	ÜBUNGEN	118
KAPITEL 14	Die Einladung	122
KAPITEL 15	Reise ins Hunnenland	126
	ÜBUNGEN	131
KAPITEL 16	Eine kühle Begrüßung	135
KAPITEL 17	Ein blutiges Fest	141
	ÜBUNGEN	147
	Zur Musikgeschichte	149
KAPITEL 18	Der letzte Tag	152
	ÜBUNGEN	157
	Zur Literaturgeschichte	159

Der auf CD aufgenommene Text ist durch 🎧.

Personenverzeichnis

Siegfried	Sohn des Königs von Xanten, später auch König der Nibelungen
Gunther Gernot Giselher	Drei Brüder, Könige des Burgunderlandes
Hagen	Vasall der Burgunderkönige
Dankwart	Hagens Bruder
Kriemhild	Schwester der drei Burgunderkönige, Siegfrieds und dann Etzels Frau
Brünhild	Königin von ... Island?, Gunthers Frau
Etzel	König der Hunnen
Rüdiger und Dietrich	Vasallen Etzels
Alberich	Kleiner Mann (Zwerg) mit langem Bart, wacht über den Nibelungenschatz
Schildung und Nibelung	Nibelungenkönige, von Siegfried getötet

Kreuz und Schwert ...

sind die Symbole dieser Epoche, des Mittelalters. Das Kreuz steht für die religiöse Autorität der Kirche. Das Schwert steht für die politische Macht (Kontrolle) der Ritter.
Wer sind die Ritter? Das französische *chevalier* kommt von *cheval* (Pferd). Das deutsche Wort *Ritter* kommt von *reiten*: Man reitet auf Pferden.

Ritter: Der Krieg ist ihr Beruf

Schwert und Lanze sind die Waffen des Ritters. Bei Konflikten (Krieg) oder als Sport (Turnier) kämpft der Ritter, schlägt die anderen mit seinem Schwert oder stößt sie mit der Lanze vom Pferd.
Der Ritter trägt einen Helm auf dem Kopf, einen Schild in der Hand und eventuell eine komplette Rüstung oder einen Panzer (links eine moderne Version).

Das Mittelalter dauert von 408 oder von 476 nach Christus bis ... 1492, oder bis 1530, oder nur bis 1400. Es gibt viele Daten, denn es gibt viele Definitionen. Wann ist das Mittelalter zu Ende? Mit der Entdeckung Amerikas (Columbus), der Erfindung des Buchdrucks (Gutenberg), der Reformation (Luther etc.), der Renaissance?
Was meinst du?

Martin Luther

KAPITEL 1

Siegfrieds erste Abenteuer

Siegfrieds Vater ist König in Xanten am Rhein.
Siegfried ist ein schöner junger Mann, blond und athletisch.
Seine Eltern lieben Siegfried sehr.
Er hat die besten Lehrer, die besten Pferde, die besten Waffen. Aber er bleibt nicht gern zu Hause.

„Ich bin kein Kind mehr", sagt er, „ich will ein Ritter werden."

Immer wieder reitet er allein von zu Hause fort.
Eines Tages sieht er an einem Berg viele Leute. Siegfried kennt sie nicht.

„He! Du! Bist du nicht Siegfried aus Xanten?" ruft da ein junger Mann: „Kannst du zwei Königssöhnen helfen?"

„Warum nicht", antwortet Siegfried.

„Wir sind Schildung und Nibelung. Siehst du den Schatz [1] hier?"

---

1. **r Schatz(¨-e)** : Gold, Geld, Diamanten etc.

Siegfrieds erste Abenteuer

Vor ihnen liegen Gold, Edelsteine [1], goldene Vasen ...

„Das ist unser Schatz, der Schatz der Nibelungen. Wir möchten ihn teilen [2], aber wir wissen nicht, wie. Kannst du das für uns machen?"

„Ach nein", sagt Siegfried, „das ist nichts für mich. Am Ende gibt es nur Streit [3]."

„Hilf uns bitte. Wir geben dir das Schwert 'Balmung' zum Lohn [4]."

Das Schwert ist wirklich sehr schön.

Siegfried nimmt es in die Hand.

„Also gut."

Er teilt den Schatz, Stück für Stück.

„Gebe ich einem die goldene Vase", sagt Siegfried, „gebe ich dem anderen ... einen Diamanten?"

Nibelung sagt nichts, aber Schildung sieht ihn kritisch an.

„Zwei goldene Vasen für einen Diamanten?"

Jetzt sagt Schildung nichts, aber Nibelung wird böse [5].

„Es geht nicht", sagt Siegfried. „Ich kann euren Schatz nicht teilen."

„Ach, das kannst du nicht? Dann helfen wir dir!"

Sie rufen ihre Leute. Es müssen siebenhundert Mann sein.

---

1. **r Edelstein(e)** : Diamanten, Rubine etc.
2. **teilen** : aus eins zwei (oder drei ...) machen.
3. **r Streit** : Konflikte.
4. **r Lohn(¨-e)** : Bezahlung.
5. **böse** : aggressiv.

Die Nibelungen

Es sind auch zwölf Riesen [1] dabei. Aber Siegfried hat 'Balmung' in der Hand.

„Kommt nur!" ruft er. Er schlägt um sich.

Am Ende steht er allein da.

Alle anderen sind tot, auch Nibelung und Schildung.

Da fühlt er einen Schlag ans Bein. Siegfried sieht sich um.

Es ist niemand da.

„Hallo!" ruft er. Dann bekommt er noch einen Schlag.

Er muss etwas tun. Da muss jemand sein, aber er kann niemanden sehen.

Siegfried schlägt mit dem Schwert um sich.

„Aua", ruft da jemand. Siegfried nimmt auch die freie Hand zur Hilfe.

„Was ist das?" Er hat etwas in der Hand. Einen Mantel. Und jetzt sieht er vor sich einen Mann stehen, einen sehr kleinen Mann.

„Guten Tag", sagt der. „Ich bin Alberich. Nibelung und Schildung, meine Herren, sind tot. Jetzt seid Ihr mein Herr. Auch der Schatz ist jetzt Eurer."

„Und das?" fragt Siegfried, und zeigt auf den Mantel in seiner Hand, „ist ein Tarnmantel [2]?"

---

1. **r Riese(n)** : sehr großer Mann, Gigant.
2. **Tarn-** : damit können die anderen mich nicht sehen.

Siegfrieds erste Abenteuer

„Bravo", antwortet Alberich, „wer diesen Mantel trägt, den kann man nicht sehen. Was soll ich jetzt tun?"

„Ich kann den Schatz nicht mitnehmen, brauche ihn auch im Moment nicht."

„Ich kann ihn wieder in den Berg bringen und dort aufpassen [1], wie ich es schon seit vielen hundert Jahren tue. Im Berg schlafen auch tausend Ritter. Die könnt Ihr später einmal holen."

„Gut", sagt Siegfried. Nur den Tarnmantel nimmt er mit. Er reitet nach Hause zurück.

Er ist jetzt reich.

Es gibt viele Wälder [2] in der Nähe von Xanten. Oft sind sie sehr groß.

Man trifft dort keinen Menschen.

Siegfried reitet durch einen dieser Wälder.

Er hört etwas fauchen [3]. Es muss ein sehr großes Tier sein, aber was?

Er steigt von seinem Pferd und bindet [4] es an einen Baum.

Langsam geht er weiter, sein Schwert in der Hand. Da hört er es wieder.

An einem kleinen See sieht er es: es ist ein großer Drache [5].

---

1. **auf etw. aufpassen** : etw. kontrollieren.
2. **r Wald(¨-er)** : r Forst.
3. **fauchen** : „chchch" machen.
4. **binden** : (mit Zügeln) festmachen.
5. **r Drache(n)** : großes, grünes Tier.

Die Nibelungen

Der Drache kommt näher. Siegfried wartet.
Im letzten Moment springt er vor und schlägt [1] mit dem Schwert auf den Drachen ein.
„Kling" – nichts, das Tier hat einen harten Panzer.

1. **einschlagen auf jdn.** : jdn. immer wieder schlagen.

Siegfrieds erste Abenteuer

Schnell springt Siegfried zurück, läuft dann um das Tier herum, springt auf seinen Rücken. Da oben, am Nacken, muss der Panzer dünner sein.

Ein Schlag, Blut kommt aus dem Nacken des Drachen. Viel Blut. Immer mehr. Langsam geht der Drache zu Boden. Er macht die Augen zu. Er faucht nicht mehr. Das Tier ist tot.

Müde setzt sich Siegfried an den See. Das Blut des Drachen läuft in den See.

„Moment mal", denkt Siegfried, „es gibt da doch eine alte Sage?"

Er zieht sich aus und geht in den See, er schwimmt in dem Blut, taucht [1] auch mit dem Kopf unter.

„Das Blut", weiß er, „bildet [2] einen harten Panzer. Kein Schwert kommt da durch."

Zu spät sieht er das kleine grüne Blatt auf seiner Schulter. An der Schulter ist der Panzer nicht komplett.

„Egal", denkt Siegfried und reitet nach Hause.

Eines Tages kommt sein Vater zu ihm: „Ich höre, du hast alles gelernt, was ein Ritter können muss. Ich glaube, es ist Zeit. Wir wollen dich zum Ritter machen."

Es gibt ein großes Fest. Aus vielen Ländern kommen Ritter nach Xanten, und natürlich gibt es auch ein großes Turnier.

Nach dem Turnier geht Siegfried zusammen mit anderen jungen Männern in die Kathedrale. Bei einer großen

---

1. **tauchen** : unter Wasser gehen.
2. **bilden** : formen.

Die Nibelungen

Zeremonie vor vielen Leuten gibt ihnen der König ihre Schwerter. Das ist ein großer Moment im Leben eines Mannes. Jetzt ist er frei, ein Ritter. Die anderen jungen Ritter bekommen Land vom König. So werden sie Siegfrieds Vasallen. Vielen schenkt Siegfrieds Mutter Gold. Großzügigkeit [1] ist wichtig. Im ganzen Land spricht man von dem Fest, den schönen Rittern, dem Reichtum und der Großzügigkeit des Königs.

---

1. e **Großzügigkeit** : nicht an Geld denken, anderen viel schenken.

ÜBUNGEN

Leseverständnis

1 Eine nicht alltägliche Situation: Siegfried schlägt mit seinem Schwert deinen Hund tot. Dann nimmt er dein Geld und reitet fort. Du gehst zur Polizei. Die Polizisten wollen viel wissen. Ergänze die Fragen und antworte dann:

Name: Wer ist dieser Mann?
Alter: Wie alt ist er?
Größe: ....
Haarfarbe: ....
Beruf: ....
Familie: ....
Adresse: ....

2 Was steht im Text, was nicht?

1. Siegfried hat keine Freunde.
2. Siegfried lernt nicht.
3. Siegfried reitet gern von zu Hause fort.
4. Siegfried will Nibelung töten.
5. Nibelungs Ritter sind alle sehr groß.
6. Siegfried kämpft auch gegen einen sehr kleinen Mann.
7. Dieser Mann kann ihn nicht sehen.
8. Wer den Tarnmantel trägt, ist sehr elegant.
9. Siegfried lässt seinen Schatz bei Alberich.
10. Die Nibelungen leben in einem Berg.
11. Am Anfang kann Siegfried den Drachen nicht töten. Sein Panzer ist zu hart.
12. Siegfried badet im Blut des Drachen, denn das macht einen Mann schön und stark.

ÜBUNGEN

13. Siegfried wird Ritter und bekommt Gold vom König.

14. Der König sagt, er soll heiraten.

Korrigiere die Sätze, die nicht zum Text passen!

Beantworte die Fragen

1. In der Geschichte tötet Siegfried viele Leute und ein Tier im Kampf. Wen tötet er?
2. Am Ende ist er reicher als am Anfang. Warum?

Und jetzt schreibst du selbst ...

3 **Du wohnst auf einem Berg. Du sitzt vor deinem Haus. Du siehst unten rechts die Nibelungen vor dem Berg stehen, unten links wohnt der Drache an einem kleinen See.**

Du führst ein Tagebuch: Tag für Tag schreibst du auf, was du unten siehst. Schreibe die Texte zu Ende:

1. Liebes Tagebuch. Heute ist Donnerstag. Unten vor dem Berg stehen viele Männer. Was machen sie da? Sie ... .
2. Heute ist Montag. Unten am See wohnt ein Tier. Es ist ... .

ÜBUNGEN

Wortschatzprobleme

4 Dein Freund E.T. weiß nichts, wirklich nichts über Ritter. Hilf ihm!

r Fürst(en)   r Panzer(=)   s Pferd(e)
kämpfen   reiten   r König(e)
s Schwert(er)   s Turnier(e)   e Jagd(en)

Transport : Ein Ritter fährt kein Auto – er ....

Waffen : Ein Ritter hat keine Pistole, er hat ein ....

Kleidung : Ein Ritter trägt keinen Pullover, er trägt einen .... oder eine Rüstung.

Soziales : Ein Ritter ist ein Herr, sein Herr ist ein .... oder ein ....

Sport : Ein Ritter spielt keinen Fußball, er .... im .... oder geht auf die ....

5 Kannst du englisch? Dann kannst du schnell und leicht viele deutsche Wörter lernen.
(Nein? Dann nimm ein Wörterbuch zur Hilfe!)
Schreibe das deutsche Wort neben das passende englische Wort!

e Schulter(n)   r Nacken(=)   r Arm(e)
e Hand(¨-e)   r Wald(¨-er)   r Drache(n)
s Schwert(er)   reiten   reich   lang

englisch	deutsch	in deiner Sprache
dragon	....	....
to ride	....	....
neck	....	....

17

ÜBUNGEN

englisch		
shoulder	....	....
arm	....	....
hand	....	....
sword	....	....
wood	....	....
rich	....	....
long	....	....

Vorsicht! Bei den folgenden Wörtern gibt es Probleme:

s Bein(e)   leicht   groß

englisch	deutsch	in deiner Sprache
leg	....	....
light	leicht	....
easy	....	....
great	toll, großartig	....
tall	....	....

6 Im Zoo gibt es keine Drachen …

Sind sie grün, rot oder lila?

Sind sie klein, groß oder fett?

Sind sie gut oder böse?

Menschen sprechen („blah blah"), Hunde bellen („wau wau"), Katzen miauen, und Drachen?

Warum töten Ritter Drachen?

ÜBUNGEN

Formprobleme

7 **Rund ums Adjektiv**

Adjektive und ihre Gegenteile – Welches Adjektiv passt?

schlecht   schrecklich   schwach
schön   kurz   klein   alt
klug   dünn   schnell

Beispiel: reich – arm

1. dumm – ....
2. stark – ....
3. langsam – ....
4. dick – ....
5. hässlich – ....
6. gut – ....
7. groß – ....
8. jung – ....
9. lang – ....
10. wunderbar – ....

8 **Komparative und Superlative ...**

A. **Umlaut oder nicht?**

1. __rmer
2. st__rker
3. l__ngs__mer
4. __lter
5. kr__nker
6. d__nner
7. schw__cher
8. schn__ller
9. j__nger
10. l__nger

ÜBUNGEN

B. Sag es anders:

Siegfried hat die besten Waffen, die besten Lehrer.
Das kann man auch anders sagen:
Die anderen haben **gute** *Waffen, aber Siegfrieds Waffen sind* **am besten.**
Alternative:
Ihre Waffen sind **schlechter** *als Siegfrieds Waffen.*

1. Kriemhild hat das meiste Geld.
   Die anderen haben .... Geld, aber
   .... hat Kriemhild.
   Die anderen haben .... Geld als Kriemhild.

2. Der kleinste Mann ist Alberich.
   Alle sind ...., aber Alberich ist ....
   Alle sind .... als Alberich.

3. Brünhild ist die stärkere Frau.
   Kriemhild ist .... Brünhild ist ....
   Kriemhild ist .... als Brünhild.

4. Er hat schnellere Beine.
   Seine Beine sind .... als ihre Beine.
   Ihre Beine sind .... als seine Beine.

5. Sie heiratet einen ärmeren Mann.
   Ihr Mann ist .... als sie.
   Sie heiratet einen Mann. Sie ist .... als er.

6. Siegfried hat die längste Nase.
   Alle Ritter haben lange Nase, aber seine ist ....
   Die Nasen der anderen Ritter sind .... als
   Siegfrieds Nase.

Kriemhild und Brünhild kennst du noch nicht, aber du lernst sie bald kennen!

Was ist ein Turnier?

Bei einem Turnier kämpfen Ritter vor einem Publikum. Es ist ein sportlicher Wettkampf. Erst kämpft man mit Speeren [1], dann mit dem Schwert. Manchmal wirft [2] man auch Lanzen oder große Steine. Der

Turnier

---

1. **r Speer(-e)** : lange Lanze mit Eisenspitze.
2. **werfen** : „fliegen lassen".

Beste bekommt ein Geschenk, oft von einer schönen Frau. Oft sind Turniere sehr groß. Eine Chronik spricht von einem Turnier Barbarossas mit 20 000 Rittern. Das ist vielleicht Legende, aber die Größe und Schönheit eines Turniers ist wichtig für das Prestige eines Königs oder Fürsten.

Die Leute sollen Spaß haben. Sie sollen aber auch sehen, wie schön die Ritter, wie teuer und gut ihre Waffen sind und wie gut sie kämpfen. Der Kampf ist hier ein Sport, aber – oft gibt es Tote: 1241 in Köln sind es sechzig. Ein paar Tote stören das Fest nicht.

Investitur: Ein großer Tag im Leben eines Mannes.
Er bekommt das Schwert vom König
und wird ein Ritter.

KAPITEL 2

Siegfried reitet nach Worms

Viele Frauen interessieren sich für Siegfried. Und er? „Du bist schön, du bist reich" sagen die anderen Männer: „Ein Ritter muss eine Frau lieben."

„Erst muss ich die Richtige finden", erklärt Siegfried.

„Kriemhild im Burgunderland, das ist die Richtige für dich", sagt ein Ritter. „Die Schwester der drei Könige des Landes ist die schönste und edelste [1] Prinzessin im ganzen Reich. Viele Ritter wollen sie heiraten, aber bis heute ..."

„Eine Königstochter", denkt Siegfried: „die Schönste im ganzen Reich!" und er sagt: „Kriemhild? Die heirate ich!"

Sein Vater hört, was Siegfried sagt.

„Nach Worms willst du?" fragt er. „Du kennst die Wormser nicht. Die drei Könige dort geben dir ihre Schwester sicher nicht. Bei ihnen lebt auch Hagen, er kämpft gut und gern. Das gibt Ärger [2], Siegfried. Das ist kein Spiel!"

„Vater, glaubt Ihr, sie geben mir ihre Schwester nicht? Dann kämpfe ich mit ihnen und nehme ihnen auch ihr Land."

---

1. **edel** : gut und aristokratisch.   2. **r Ärger(-)** : Probleme, Stress.

Die Nibelungen

„Sag so etwas nicht, Siegfried. Du willst doch Kriemhilds Liebe. Aber gut, reite nur nach Worms. Ich will dir meine besten Ritter mitgeben."

„Eure Ritter brauche ich nicht. Kämpfen kann ich allein. Ich will nur zwölf Männer mitnehmen. Gute Pferde brauchen wir, und prächtig [1] gekleidet müssen wir natürlich sein."

Tag und Nacht arbeitet man an der Kleidung für Siegfried und seine Männer. Als sie nach Worms abreisen, weint Siegfrieds Mutter, weinen auch viele Mädchen in Xanten.

Man weiß, Siegfrieds Reise ist gefährlich [2].

Man reitet den Rhein entlang. Nach sieben Tagen kommt Siegfried nach Worms. Die Ritter in Worms sehen den fremden Mann, der so gut und prächtig gekleidet ist.

„Es muss ein König sein. Aber wer ist er?" fragen sie sich.

König Gunther und seine Brüder stehen am Fenster und rufen Hagen, denn Hagen kennt viele Länder und viele Ritter.

„Gesehen habe ich ihn noch nie", sagt Hagen, „aber wie er dort steht, so königlich und sicher – ich denke, es ist Siegfried aus Xanten. Siegfried bei

---

1. **prächtig** : ostentativ teuer und elegant.
2. **gefährlich** : kann den Tod bringen.

Siegfried reitet nach Worms

uns in Worms! Er hat die Nibelungen getötet und einen Drachen erschlagen [1]. Er hat vor nichts Angst [2]."

Hagen erzählt den anderen, was er weiß.

„Wir wollen zu ihm gehen", sagt König Gunther, „Ich möchte ihn kennen lernen."

Zusammen mit Hagen gehen Gunther, Gernot und Giselher, die drei Brüder, zu Siegfried.

„Willkommen im Burgunderland, Siegfried", sagt Gunther. „Wir freuen uns über Euren Besuch. Aber von Xanten nach Worms ist es weit. Was führt Euch zu uns?"

„Das will ich Euch sagen. Man sagt, Ihr seid gute Kämpfer. Ich möchte sehen, wer von uns besser kämpft. Siegt [3] Ihr, sollt Ihr mein Land haben. Siege ich, bin ich König in Worms."

„Immer mit der Ruhe", sagt Gernot. „Unser Land ist reich, den Leuten geht es gut. Warum wollt Ihr es uns nehmen?"

„Was? Da sprecht ihr noch?" ruft Otwin von Metz, ein Ritter der Wormser Könige. „Kämpfen will er? Soll er mit mir kämpfen!" Schon hat er sein Schwert in der Hand.

„Mit dir kämpfe ich nicht", sagt Siegfried. „Du bist der Mann eines Königs, ich bin ein Königssohn. Auch zwölf Männer wie du haben gegen mich keine Chance."

„Siegfried, Ihr seid unser Gast" sagt Gernot diplomatisch. „Lasst uns Freunde sein."

---

1. **erschlagen** : durch Schläge töten, morden.
2. **e Angst(¨-e)** : kommt nachts ein Monster in dein Zimmer, bekommst du ... .
3. **siegen** : der Bessere sein, gewinnen.

Die Nibelungen

Aber Hagen wartet nicht auf Siegfrieds Antwort. Böse fragt er: „Was wollt Ihr? Warum kommt Ihr zu uns und bringt Streit?"

„Ja, Hagen", antwortet Siegfried, „das gefällt dir nicht, was? Und wie gefällt dir das?"

Er hält ihm das Schwert unter die Nase.

„Sprich jetzt nicht mehr, Hagen", sagt Gernot. „Ich will keinen Streit. Und Ihr, Siegfried, Ihr seid uns hier willkommen. Seid unser Gast. Alles, was Ihr hier seht, soll auch Euer sein."

Ein Jahr lang lebt Siegfried in Worms. Die Zeit vergeht mit Ritterspielen, mit Turnieren und Jagd [1]. Was die anderen auch machen wollen, Siegfried ist immer dabei. Die Ritter in Worms sind gute Kämpfer, vor allem Hagen. Aber Siegfried ist in allen sportlichen Disziplinen der beste. Er wirft Steine und Lanzen weiter als die anderen. Er reitet besser und führt das Schwert sicherer. Alle finden es schön, so einen Ritter in Worms zu haben.

Siegfried weiß: auch Kriemhild lebt in der Burg. Aber er trifft sie nie. Ein ganzes Jahr lang sieht er sie nicht ein Mal.

Sie sieht ihn. Sie steht in ihrem Zimmer am Fenster. Jeden Tag steht sie dort. Schon lange liebt sie ihn. Gern möchte sie es ihm selbst sagen, aber sie darf ihn nicht treffen.

Siegfried weiß nichts von Kriemhilds Liebe. Oft fragt er sich, wie er zu ihr kommen, sie kennen lernen kann. Aber er ist nie allein. Auch auf die Jagd nimmt man ihn immer mit.

---

1. **e Jagd** : Tiere (im Wald) töten.

KAPITEL 3

Der Sachsenkrieg

Eines Tages kommen zwei fremde Ritter nach Worms. Sie gehen direkt zu König Gunther. Sie sind Boten [1] aus dem Norden.

„Fehde [2] bringen wir Euch ins Land", antworten sie. „Lüdeger und Lüdegast sind unsere Könige. In zwölf Wochen wollen sie hier sein. Sie haben viele tausend Ritter bei sich. Wollt Ihr noch verhandeln [3], so sagt es uns. Sonst gibt es Krieg."

„Lasst mir ein wenig Zeit. Ich will mit meinen Freunden sprechen. Dann gebe ich Euch die Antwort. So lange seid ihr meine Gäste."

Er ruft seine Brüder und Hagen zu sich.

„Die Könige von Sachsen und von Dänemark wollen Krieg. Was meint Ihr? Was sollen wir tun?"

„Sollen sie kommen!" sagt Gernot. „Ist Gott mit uns, finden sie hier den Tod."

---

1. **r Bote(n)** : Person, die Informationen, Grüße etc. bringt.
2. **e Fehde(n)** : Konflikt zwischen Familien.
3. **verhandeln** : sprechen.

Die Nibelungen

„Das ist keine gute Idee", meint Hagen. „Wir haben zu wenig Männer hier, und wenig Zeit. Sagt doch Siegfried, er soll uns helfen!"

Gunther weiß nicht, was er tun soll.

Er will keinen Krieg in seinem Land.

Siegfried sieht ihn und fragt: „Was ist denn Gunther? So traurig heute?"

„Siegfried, es geht um Politik. Nur den besten Freunden kann ich es sagen."

Siegfried wird erst weiß, dann rot. „Bin ich nicht Euer Freund? Ich helfe Euch. Bis in den Tod bin ich Euer Freund. Wisst Ihr das nicht?"

„Das ist schön, Siegfried, ich danke Euch. Zwei Könige aus dem Norden wollen Krieg mit uns. In kurzer Zeit können sie hier sein."

„Ich habe leider nur meine zwölf Ritter hier", antwortet Siegfried. „Gebt Ihr mir tausend Mann, auch Hagen und seine Männer mit, dann kommen die Ritter aus dem Norden nie ins Burgunderland. In ihr Land bringen wir dann den Krieg."

Gunther dankt ihm und ruft die Boten aus dem Norden zu sich.

„Sagt Euren Königen, wir kämpfen!"

Er gibt ihnen viele Geschenke und lässt sie fortreiten.

Hagen und Siegfried reiten mit ihren tausend Mann durch Hessen nach Sachsen. An der Grenze [1] sagt Siegfried: „Ich will

---

1. **e Grenze(n)** : Linie zwischen Ländern.

Der Sachsenkrieg

allein weiterreiten und die Feinde [1] ausspähen [2]. Ihr wartet hier. Hagen, Ihr führt das Kommando."

Allein reitet er dann durch das Sachsenland.

Er kommt in die Nähe des Lagers [3] der Feinde. Es sind die Dänen. Das Lager ist sehr groß.

„Das müssen 40 000 Mann sein", denkt Siegfried. „Das macht die Sache interessant."

Schnell will er zu seiner Truppe zurück. Da sieht er einen anderen Ritter.

„Sieh an", denkt er, „ein Späher der Dänen."

Er reitet auf ihn zu.

Sie kommen sich immer näher.

Sie treffen einander mit ihren Lanzen, aber keiner der beiden Ritter fällt. Sie springen vom Pferd, ziehen ihre Schwerter.

Sie kämpfen lange. Dreimal trifft Siegfried den Dänen mit dem Schwert. Er blutet. Man sieht, er ist am Ende.

„Lasst mich leben", sagt der Däne da. „Ich bin Lüdegast, der König der Dänen."

Siegfried reitet mit König Lüdegast zurück.

Hagen freut sich. Aber er und Siegfried wissen: das ist erst der Anfang.

---

1. **r Feind(e)** : r Kontrahent, r Gegner.
2. **ausspähen** : versuchen, etwas zu sehen, Informationen zu bekommen.
3. **s Lager(=)** : wo man provisorisch wohnt.

Die Nibelungen

„Schnell", sagt Siegfried. „Zu Lüdigers Leuten führe ich Euch. Heute ist ein großer Tag für uns. Ein trauriger Tag für Dänen und Sachsen. Die fangen keinen Krieg mehr an."

Nach kurzem Ritt schon treffen die Burgunder auf das sächsische und dänische Heer.

Sofort beginnt die Schlacht [1]. Bald liegen viele tote dänische und sächsische Ritter auf dem Boden. Aber es sind mehr als vierzigtausend gegen tausend Mann auf Seite der Burgunder, der Kampf dauert lange.

Siegfried, seine zwölf Ritter aus Xanten hinter sich, kämpft sich vor.

Immer weiter reitet Siegfried und schlägt um sich.

Tote und verwundete Ritter fallen von ihren Pferden. Alles ist rot vor Blut. Endlich kommt Siegfried ans Ende des feindlichen Heeres und – kämpft sich wieder zurück zum Heer der Burgunder. Drei Mal geht das so. Dann kann Hagen mit ihm zusammen vorreiten. Dieses Mal kommen sie in Lüdigers Nähe.

Lüdiger sieht Siegfrieds Schild. „Siegfried", denkt er, „der Drachentöter, der Herr Alberichs!"

„Es hat keinen Sinn mehr!" ruft er seinen Leuten zu. Er reitet zu Siegfried und gibt ihm sein Schwert.

Der Krieg ist zu Ende.

Lüdiger und Lüdegast müssen nach Worms mitkommen.

---

1. **e Schlacht** : Kampf.

KAPITEL 4

Siegfried wird Kriemhild vorgestellt

Als alle Ritter wieder in Worms sind, lässt Gunther die besten Ärzte für die Verwundeten [1] rufen. „In sechs Wochen", sagt er, „sollen alle wieder auf den Beinen sein. Dann gebe ich ein großes Fest. Auch Lüdiger und Lüdegast bleiben bis zum Fest bei uns."

Später spricht er allein mit seinen Brüdern und Hagen.

„Siegfried hat so viel für unser Land getan", sagt er, „wir müssen ihm etwas schenken, aber was?"

Gernot hat eine bessere Idee.

„Lieber Bruder", sagt er, „Was meinst du? Warum ist Siegfried, der Königssohn aus Xanten, seit einem Jahr hier in Worms?"

„Er ist unser Freund."

„Das auch. Aber ich denke, er hat einen besseren Grund [2]. Unsere liebe Schwester …"

---

1. **r/e Verwundete** : Person, die Schläge bekommen hat und blutet.
2. **r Grund(¨-e)** : Motiv.

Die Nibelungen

„Kriemhild hat er noch nie gesehen", sagt Gunther.

„Richtig, lieber Bruder. Meinst du nicht, jetzt ist der Moment gekommen? Bei unserem Fest soll er Kriemhild kennen lernen. Wir haben sie noch keinem Mann vorgestellt. Wir wollen sie Siegfried vorstellen, dann ist er für immer unser Freund."

Das große Fest beginnt. Ritter aus ganz Europa sind da, in ihrer prächtigsten Kleidung. Viel Gold sieht man, auch Juwelen.

Aber noch sieht man nur Männer.

Da öffnet sich plötzlich eine Tür. Kriemhild kommt mit ihrer Mutter und den anderen Damen des Hofes [1] in den Saal.

„Kriemhild! Endlich darf ich dich sehen! Wie schön du bist!" denkt er. „Ich muss dich kennen lernen, dich lieben. Dich lieben oder sterben!"

Da ruft ihn Gernot zu sich und sagt vor allen Leuten:

„Siegfried, Ihr habt viel für uns und für Burgund getan. Wir wollen Euch unsere Schwester vorstellen."

Siegfried kann es nicht glauben.

Langsam geht er zu ihr.

„Willkommen, Siegfried, edler Held", sagt sie zu ihm.

Er dankt ihr. Sie nimmt ihn an der Hand.

Zusammen gehen sie zwischen den anderen spazieren.

---

1. **r Hof(¨-e)** : Institution aller Ritter und Damen zusammen.

Siegfried wird Kriemhild vorgestellt

„Man sagt, nur Eure Hilfe hat unser Burgund vor den Männern aus dem Norden gerettet. Ich hoffe, Gott dankt Euch für Eure Hilfe" sagt Kriemhild.

„Was ich tue, tue ich nur für Euch", antwortet Siegfried.

Zwölf Tage dauert das Fest.

Immer sieht man Siegfried und Kriemhild zusammen.

Am Tage nach dem Fest ruft Gunther Lüdiger und Lüdegast zu sich. Sie müssen ihm versprechen [1], nie wieder Krieg anzufangen. Dann macht er ihnen Geschenke und schickt sie nach Hause.

Am selben Tag reiten auch die meisten anderen Ritter fort. Die Burg ist leer.

Auch Siegfried meint: „Es ist Zeit. Ich muss nach Xanten zurück."

Giselher, der jüngste der drei Königsbrüder von Worms, bittet ihn:

„Siegfried, bleibt bei uns. Ihr habt viele Freunde in Worms. Es gibt auch viele schöne Frauen hier. Ihr wisst, Ihr seid ihnen willkommen."

Siegfried lässt sich nicht lange bitten. Jetzt kann und darf er Kriemhild jeden Tag sehen.

---

1. **versprechen** : sagen, was man tun will oder nicht mehr tun will.

ÜBUNGEN

Leseverständnis

1 Was steht im Text, was nicht?

1. Siegfried sieht Kriemhild in Xanten und verliebt sich in sie.
2. Siegfrieds Vater sagt, Siegfried soll nicht nach Worms reisen.
3. Am Anfang ist Siegfried sehr freundlich zu den Wormsern.
4. Gunther will mit ihm kämpfen.
5. Die Könige von Sachsen und Dänemark wollen Krieg.
6. Hagen denkt, die Burgunder sollen mit Siegfried gegen Dänen und Sachsen kämpfen.
7. Die Ritter kommen aus Sachsen zurück und Gunther gibt am nächsten Tag ein Fest.
8. Bei dem großen Fest wird Kriemhild Siegfrieds Frau.
9. Gunther will viel Gold von den Königen aus Dänemark und Sachsen.
10. Nach dem Fest reitet Siegfried nach Hause.

Korrigiere die Sätze, die so nicht richtig sind!

2 Ergänze die Satzteile 1-5 mit a-e:

1. ☐ Siegfried reitet nach Worms,
2. ☐ Die Ritter in Worms wissen: das ist ein König,
3. ☐ Siegfried ist Gast der Wormser,
4. ☐ Kriemhild sieht Siegfried,
5. ☐ Siegfried möchte Gunther helfen,

ÜBUNGEN

a. denn er ist sehr prächtig gekleidet.
b. denn sie steht immer am Fenster.
c. denn er möchte Kriemhild heiraten.
d. aber er sieht Kriemhild ein Jahr lang nicht.
e. denn er will sein Freund sein.

Beantworte die Fragen

1. Siegfried kommt nach Worms. Warum werden die Ritter Otwin und Hagen böse?
2. Wie ist Siegfrieds Strategie im Kampf gegen die Dänen?
3. Warum macht Gunther den Königen von Sachsen und Dänemark am Ende Geschenke?

Und jetzt schreibst du selbst ...

3 **Kriemhilds Tagebuch.**

1. Den ganzen Tag stehe ich am Fenster und sehe Siegfried und ...
   Er ist ...
   Ich möchte ...
2. Es gibt Krieg mit ...
   Siegfried ...

ÜBUNGEN

Wortschatzprobleme

4 Setze das fehlende Wort aus der Liste ein.
Noch einmal: der Ritter

e Schönheit   r Becher(n)   edel   prächtig
s Pferd   s Turnier(e)   r Stand(¨-e)
e Waffe(n)   e Burg(en)   reiten

Sie trinken Wein nicht aus Gläsern, sondern aus ....
Sie leben nicht in Reihenhäusern, sondern in (auf) ....
Ein Ritter muss ein gutes .... haben, denn er
.... viel. Er muss gute .... haben, denn die
braucht er für .... und im Krieg. Er darf keine Angst
haben. Er ist kein Mann aus dem Volk, sondern muss von
.... sein. Auch seine Frau soll .... sein. Sehr
wichtig ist auch die ...., und die Kleidung muss
.... sein.

und Siegfried?

r Stein(e)   heiraten   r König(e)   schön
r Gast(Gäste)   r Drache(n)   kämpfen
r Panzer(=)   s Blut (-)   r Hof(Höfe)

Ist der Sohn des .... von Xanten. Er tötet einen
.... und badet im .... des Tieres. Man kann ihn
praktisch nicht verwunden, denn das Blut hat einen ....
geformt. Er will Kriemhild ...., denn man sagt, sie ist
sehr .... Er kommt an den .... der Könige von
Burgund und will mit ihnen .... Aber sie laden ihn ein
ihr .... zu sein. Ein Jahr bleibt er dort. Was machen sie
den ganzen Tag? Sie kämpfen, werfen .... und Lanzen.

ÜBUNGEN

5 **A. Kennst du ein Wort, verstehst du viele andere Wörter. Es ist leicht, hier die fehlenden Wörter einzusetzen:**

1. Beim .... kann man einen Menschen .... oder ....
   töten – r Kampf – verwunden

2. Aus einer .... kommt ....
   Blut – Wunde

3. Bei einem .... durch den Wald sind wir langsamer als bei einem ....
   r Ritt – r Gang

4. Personen von .... müssen .... sein. Wichtig ist auch die .... ihrer Burg und ihrer Kleidung.
   Pracht – höflich – Adel

B. Welches Wort passt zu welcher Kurzdefinition oder zu welchem Synonym?

bewaffneter Konflikt	e Pracht
Ostentation, Glanz	e Wunde
Aristokratie	höflich
kann tödlich sein	r Kampf
zivilisiert, freundlich	r Adel

C. Kannst du jetzt die folgenden Wörter erklären?

1. kampflos – prachtvoll – unbewaffnet – unverwundbar – unblutig – umkämpft

2. r Kampfpreis (für ein Produkt) – s Prachtstück (in einer Kollektion) – r Adelsbrief – s Wundfieber – e Waffenlinie – r Waffenstillstand

KAPITEL 5

heiratspläne

Gunther ist noch nicht verheiratet. Er meint, es ist Zeit.

„Ich weiß von einer", sagt einer der Ritter, „die ist besonders schön, groß und hat eine gute Figur. Sie heißt Brünhild und wohnt auf einer Insel im Meer, fern von hier. Aber –"

„Aber was?"

„Wer sie heiraten will, muss im Wettkampf stärker [1] sein als sie. Viele haben es schon versucht, aber keiner hat sie heiraten dürfen!"

„Das ist die richtige Frau für mich! Ich will es versuchen", sagt Gunther.

„Aber vielleicht ist sie stärker, mein Herr!"

„Und dann?"

„Dann tötet sie Euch."

„Dann sterbe ich für sie und für meine Liebe zu ihr", antwortet Gunther.

---

1. **stärker** : Komparativ von stark (sein): viel tragen können.

heiratspläne

„Vorsicht!" sagt Siegfried. „Brünhild hat schon viele edle Ritter getötet. Ihr bleibt besser hier, Gunther!"

Hagen hat eine Idee: „Nehmt Siegfried mit auf die Reise.

Er kann Euch gegen Brünhild helfen."

Gunther fragt: „Wollt Ihr mir helfen, edler Siegfried? Bekomme ich sie durch Eure Hilfe, bin ich mit Ehre [1] und Leib der Eure."

„Euren Dank", antwortet Siegfried, „will ich nicht. Ich will nur eins: die Hand Eurer Schwester!"

„Abgemacht [2]! Heirate ich Brünhild, bekommt ihr Kriemhild. Wann fahren wir?"

„Nicht so schnell!" sagt Siegfried. Unsere

---

1. **e Ehre(n)** : der moralische Grund des Respekts der anderen.
2. **abgemacht** : o.k.

Die Nibelungen

Kleidung ist nicht prächtig genug für den Hof Brünhilds. Wir müssen uns etwas machen lassen."

„Das macht Kriemhild sicher gern", sagt Gunther.

Dreißig schöne Mädchen arbeiten unter Kriemhilds Führung an den Gewändern [1] für die Ritter. Sie nehmen nur das kostbarste Material: weiße arabische Seide und grünen Damast aus dem Orient, Hermelin, Gold und Edelsteine.

Sie brauchen sieben Wochen. Dann ist auch das Schiff fertig.

„Ich bitte Euch, Herr Siegfried", sagt Kriemhild bei der Abreise, „tut, was Ihr könnt. Ich will meinen Bruder lebend und unverletzt [2] wieder sehen."

„Mein Leben gebe ich für das Leben Eures Bruders, Herrin."

Dann fahren die Ritter ab. Siegfried nimmt auch seinen Tarnmantel mit. Wer den Mantel Alberichs trägt, den können die anderen nicht sehen, und er ist zwölfmal so stark wie sonst.

---

1. **s Gewand("-er)** : elegant für Kleidung.
2. **unverletzt** : unverwundet (ohne zu bluten).

KAPITEL 6

Kampf mit Brünhild

Zwölf Tage fahren sie übers Meer.

Dann sehen sie Land.

„Das ist Brünhilds Land", weiß Siegfried. „Jetzt wird es ernst. Vor allem eins muss für Brünhild klar scheinen: Gunther ist unser Herr. Alle, auch ich selbst, sind seine Dienstmänner."

Dankwart und Hagen sind einverstanden.

„Das tue ich nicht für Euch", sagt Siegfried zu Gunther, „sondern für Eure Schwester."

Schon sieht man oben an den Fenstern viele schöne Mädchen stehen.

Siegfried antwortet nur: „Seht sie Euch gut an. Dann sagt mir, welche Euch am besten gefällt."

„Das will ich gern tun", sagt Gunther: „Da hinten sehe ich eine, die im weißen Kleid. Das ist die schönste. Sie möchte ich gern zur Frau!"

„Seht ihr", sagt Siegfried, „das ist Brünhild."

Siegfried führt ein Pferd an den Strand und hält es für Gunther fest. Gunther steigt auf.

Die Nibelungen

Noch nie hat Siegfried einem anderen diesen Dienst getan. „Es ist für Kriemhild", denkt er. Dann führt er auch sein Pferd vom Schiff und sitzt auf.

Die Burg Brünhilds ist sehr groß. Sechsundachtzig Türme [1] zählen die Männer. Drei Paläste gibt es in der Burg. Einer ist ganz aus grünem Marmor.

Brünhild steht noch oben am Fenster. „Wer sind diese Leute?" fragt sie.

„Einer von diesen Rittern, das muss Siegfried sein", sagt einer ihrer Ritter. „Der zweite, denke ich, ist der König eines großen Landes. Die anderen beiden kenne ich nicht."

Schnell zieht sie ihr prächtigstes Kleid an.

---

1. **r Turm(-¨e)** : in Pisa gibt es einen, neben Kirchen stehen sie auch, höher als die Kirche selbst.

Kampf mit Brünhild

„Der starke Siegfried ist in mein Land gekommen! Der will mich heiraten! Das ist sein Tod!"

Gefolgt von hundert Mädchen und fünfhundert Rittern geht sie zu den Gästen.

Brünhild sagt: „Seid willkommen, Siegfried, hier in diesem Land. Was führt Euch zu mir?"

„Ich danke Euch, Herrin. Aber Ihr habt mich vor diesem edlen Ritter gegrüßt. Er ist mein Herr, ich bitte Euch, grüßt ihn zuerst. Gunther heißt er und ist König eines großen Landes am Rhein. Was er will? Euch heiraten. Darum sind wir hier."

„Also er ist dein Herr, und du bist sein Mann! Auch gut. Dreimal muss er im Wettkampf besser sein als ich. Dann werde ich seine Frau. Gewinne ich, müsst Ihr sterben!"

Hagen sieht sie an: „Was sind denn das für Spiele?"

„Erst werfen wir den Speer, dann einen Stein und springen dem Stein hinterher [1]. Hier steht für Euch alles auf dem Spiel! Wollt Ihr mich immer noch zur Frau?"

„Herrin!" sagt Gunther zu ihr: „Für Eure Schönheit setze ich gern mein Leben aufs Spiel."

Hagen und Dankwart sehen sich an. Sie haben Angst um ihren König.

---

1. **ihm hinterher** : nach dem Stein, bis zum Stein.

Die Nibelungen

Schnell läuft Siegfried zum Schiff zurück, dort zieht er den Tarnmantel an. Jetzt kann man ihn nicht mehr sehen. Er geht wieder zur Burg.

Brünhild trägt ein goldenes Kampfkleid und einen goldenen Schild. Der Schild ist sehr groß und schwer. Dann bringt man den Speer Brünhilds. Drei Mann müssen ihn tragen, so schwer ist er.

„Gott helfe unserem König", sagt Hagen leise: „Das ist das Weib [1] des Teufels!"

Zwölf Männer bringen zusammen einen großen Stein. Den will sie werfen?

„Hier ist der Teufel im Spiel", denken die Burgunder.

Da legt jemand Gunther die Hand auf den Arm. Aber wer? Er sieht niemanden.

Es ist Siegfried in seinem Tarnmantel. Er sagt jetzt leise zu Gunther: „Ich bin's, Euer Freund Siegfried. Habt keine Angst vor Brünhild! Macht einfach, was ich Euch sage: den Schild trage ich für Euch, und mache auch alles andere, Ihr imitiert nur die Bewegung [2]."

Mit all ihrer Kraft wirft jetzt Brünhild ihren Speer. Siegfried hält den Schild hoch, aber der geht unter dem Speer in Stücke. Nur der Tarnmantel hält ihn von den Körpern

---

1. **s Weib(er)** : negativ/archaisch für Frau.
2. **e Bewegung** : was man mit Armen und Beinen macht.

Kampf mit Brünhild

Siegfrieds und Gunthers fern. Beide wanken ¹ einen Moment. Siegfried nimmt den Speer in die Hand, aber er will Brünhild nicht verletzen und nimmt den Speer am falschen Ende. Dann wirft er, und Gunthers Arm macht die Geste des Werfens nach. Der Speer trifft sie, und auch sie wankt.

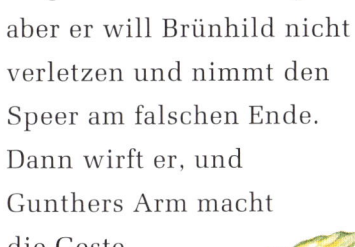

„Ein guter Wurf, Gunther", sagt sie und läuft zu dem Stein. Sie wirft ihn zwölf Meter weit. Dann springt sie, springt über den Stein. Neben Gunther steht Siegfried, wirft den Stein

1. **wanken** : ohne Kontrolle gehen.

Die Nibelungen

noch weiter als Brünhild und springt dann, Gunther im Arm, hinterher. Alle, auch Brünhild, glauben: das alles hat Gunther allein getan.

Brünhild wird sehr böse.

Rot steht sie da.

Gunther hat gewonnen.

„Kommt alle zu mir!" ruft sie. „König Gunther ist jetzt unser Herr." Ihre Ritter kommen und legen ihre Schwerter vor Günther ab.

Brünhild ist jetzt Gunthers Frau.

Wieder läuft Siegfried schnell zum Schiff. Dort zieht er seinen Tarnmantel aus.

Zurück in der Burg, fragt er Gunther laut: „Und der Wettkampf, mein Herr? Wollt Ihr noch länger warten?"

Brünhild sieht ihn an und sagt: „Der Kampf ist zu Ende, Siegfried. Wo bist du denn gewesen?"

„Unten am Schiff, darum habe ich nichts gesehen und nichts gehört. Ich höre erst jetzt, unser König hat gewonnen. Jetzt müsst Ihr mit uns an den Rhein kommen, edle Herrin."

„Erst muss ich hören, was meine Ritter, meine Freunde, die wichtigen Familien des Landes sagen. So von heute auf morgen kann ich nicht weggehen."

Ins ganze Land schickt sie Boten und bittet ihre Freunde zu sich. Auch ihre Leute sollen sie mitbringen.

Hagen wird unruhig [1]. Immer mehr Ritter kommen an.

---

1. **unruhig** : nervös.

Kampf mit Brünhild

„Das nimmt kein gutes Ende. Warum ruft die Königin so viele Leute her? Will sie uns doch töten lassen? Was sollen wir tun?"

„Lasst mich Hilfe holen", sagt Siegfried. „Im Berg der Nibelungen warten meine Ritter auf mich!"

„Aber schnell, Siegfried."

Nur Siegfrieds drei Freunde wissen von der Reise ins Nibelungenland.

Allein fährt er in dem kleinen Schiff übers Meer.

Auf dem Nibelungenberg steht eine Burg. Es ist Nacht. Siegfried klopft [1] an das Tor.

„Wer klopft da?" fragt jemand. Es muss Alberich sein.

„Mach das Tor auf, ich bin ein Ritter!" ruft Siegfried als Antwort. „Ich will heute noch mit dir kämpfen. Oder möchtest du lieber weiterschlafen?"

Da geht das Tor auf.

„Lasst die Leute schlafen!" ruft Alberich und schlägt mit einer Stange [2] auf Siegfried ein.

Siegfried hält seinen Schild hoch, aber der geht in Stücke.

Dann nimmt Siegfried sein Schwert. Er will Alberich nicht töten.

Am Ende kann er ihn an seinem langen grauen Bart packen und hält ihn fest.

---

1. **klopfen** : „tock, tock"-machen.
2. **e Stange** : Stock.

Die Nibelungen

„Aua", schreit Alberich da, „lasst mich leben, edler Ritter."

„Seht mich an!" sagt Siegfried.

„Kenne ich Euch?" fragt Alberich.

„Das will ich meinen! Siegfried heiße ich."

„Heil mir!" ruft Alberich. „Mein Herr! Lasst mich leben, jetzt will ich tun, was Ihr wollt!"

„Geh in den Berg und bring die besten Ritter zu mir. Tausend Nibelungen brauche ich."

Im Berg springen tausend Ritter von den Betten. Man kleidet sie prächtig, holt die besten Pferde.

Am nächsten Tag sieht Brünhild Siegfrieds prächtige Ritter an Land kommen.

„Wer sind diese Leute?" fragt sie Gunther.

„Ach", antwortet ihr Gunther, „das sind meine Leute. Ich hatte sie in der Nähe warten lassen. Kommt, wir wollen zu ihnen gehen."

Vor dem Tor begrüßen sie Siegfried. Seine Leute gehen in die Burg, wo man ihnen Platz macht.

„Ich glaube, der Moment ist gekommen, zu Hause wartet man auf uns", sagt Gunther.

Brünhild nimmt zweitausend Ritter mit, sechsundachtzig Frauen und hundert hübsche Mädchen.

Mit Musik und Spiel scheint die Reise nicht lang.

Brünhilds und Gunthers erste Nacht?

Gunther will noch warten.

Erst will er zu Hause sein.

ÜBUNGEN

Leseverständnis

1 Was steht im Text, was nicht?

1. Gunther weiß: will er Brünhild, muss er mit ihr kämpfen.
2. Die anderen sind sicher: Gunther ist stärker als Brünhild.
3. Gunther fährt mit zwölf Rittern zu Brünhild.
4. Kriemhild lässt die Kleidung für die Ritter machen.
5. Siegfried nimmt seinen Tarnmantel mit.
6. Gunther trägt den Tarnmantel im Kampf.
7. Gunther ist stärker als Brünhild.
8. Brünhild findet es schön, Gunthers Frau zu werden.
9. Siegfried fährt nach Worms und holt Hilfe.
10. Alberich kämpft mit Siegfried, seinem Herrn.

Korrigiere die Sätze, die so nicht richtig sind!

2 Ergänze die Satzanfänge 1-4 mit a-d:

1. ☐ Siegfried hilft Gunther,
2. ☐ Brünhild denkt,
3. ☐ Nur Gunther weiß:
4. ☐ Siegfried fährt ins Nibelungenland,

a. Gunther ist Siegfrieds Herr.
b. denn die Wormser haben Angst vor Brünhilds Rittern.
c. Siegfried hat über Brünhild gesiegt.
d. denn Gunther soll ihm Kriemhild zur Frau geben.

ÜBUNGEN

Beantworte die Fragen

1. Warum braucht Gunther für seine Reise so prächtige Kleidung?
2. Wie muss ein Mann für Brünhild sein?
3. Warum gibt Alberich Siegfried nicht sofort die Ritter?
4. Warum sieht Brünhild beim Kampf nur Gunther?
5. Was tun Gunther und Brünhild noch nicht?

Und jetzt schreibst du selbst ...

3 **Du bist als Sportreporter auf Brünhilds Insel und schreibst einen kurzen Artikel (oder eine Sportreportage im Radio oder Fernsehen?) über den Wettkampf zwischen Brünhild und Gunther:**

Wieder möchte ein Ritter Brünhild heiraten. Das kann auch ihn, wie schon so viele, das Leben kosten. Es ist ...

Formprobleme

Imperativ

4 **Bilde von den folgenden Formen die zweite Person Singular und Plural des Imperativs:**

Beispiel: rauchen → Rauch(e)! und: Rauchen Sie!

1. trinken ....
2. kämpfen ....
3. sehen ....
4. halten ....
5. geben ....
6. tanzen ....
7. reiten ....
8. tragen ....
9. nehmen ....
10. fragen ....

ÜBUNGEN

5 In der indirekten Rede wird der *Imperativ* in *Infinitiv + sollen* umgeformt.

Forme in den folgenden Sätzen die indirekte in direkte Rede um:

Beispiel: Er soll nicht so viel lernen!
  Lern nicht so viel! und Lernen Sie nicht so viel!

1. Gunther sagt, die Dänen sollen kämpfen. Gunther sagt zu Ihnen: „ ...
2. Siegfried sagt, sein Vater soll ihm keine Ritter mitgeben. Siegfried sagt zu seinem Vater: „ ...
3. Er sagt, Ihr sollt sein Land nehmen. Er sagt zu Euch: „ ...
4. Gernot sagt, Kriemhild soll Siegfried kennen lernen. Er sagt zu ihr: „ ...
5. Gunther sagt, die Sachsen sollen nur kommen. Er sagt zu Ihnen: „ ...
6. Gunther sagt: „Wir wollen sie begrüßen!" Gunther sagt: „ ...!"

6 Du, Sie oder Ihr?

In unserem Text sagen die Ritter nicht Sie – sie sagen Ihr. Das ist heute keine Höflichkeitsform mehr. Wie sagt man heute?

A. Forme in den folgenden Sätzen die Verben und Personalpronomen in die zweite Person Singular und Plural um.

Beispiel: „Was habt Ihr denn?" fragt Siegfried. →
  „Was hast du denn?"
  „Was haben Sie denn?" fragt Siegfried.

1. Siegfried, Ihr seid unser Gast.
2. Wir bringen Euch Krieg ins Land.
3. Ich helfe Euch.
4. Zu Lüdiger führe ich Euch.

ÜBUNGEN

5. Ihr gebt mir Gold?
6. Kämpft Ihr mit ihm?
7. Ihr schlaft zu wenig.
8. Nehmt Ihr mein Pferd mit?
9. Ihr wartet hier!
10. Das will ich Euch sagen.

Was sagt im Text Kriemhild zu Gunther und Siegfried: du oder Ihr? Was sagt Gunther zu ihr? Was sagt eine Kriemhild von heute?

B. **Forme in den folgenden Sätzen auch die Possessivpronomen und -adjektive um:**

1. Eure Ritter brauche ich nicht.
2. Das Pferd ist jetzt Eures (archaisch: Euer).
3. Siege ich, nehme ich Euer Land.
4. Euer Ritter ist alt und schwach.
5. Euren Schild möchte ich gern haben.
6. Ich kann nicht bei Eurem Fest bleiben.

C. **Forme auch die Imperativformen um:**

1. Lasst mich für Euch kämpfen!
2. Wartet hier, Gunther!
3. Lasst mich leben!
4. Seid unser Gast!
5. Bleibt bei uns!
6. Esst doch noch etwas!
7. Lauft nicht so schnell!
8. Reitet allein weiter!

KAPITEL 7

Doppelhochzeit

In Worms wartet man schon lange.

„Hört, König, sollen wir nicht einen Boten nach Worms senden?" fragt Hagen. „Wir sind so langsam."

Gunther lässt Siegfried zu sich rufen.

„Es ist nicht mehr weit nach Hause. Meine Schwester und meine Mutter haben aber schon lange nichts mehr von uns gehört. Sie sind sicher unruhig. Vielleicht könnt Ihr als Bote ..."

Siegfried sieht ihn an.

„Nicht für mich bitte ich Euch, sondern für meine Schwester. Sie ist Euch sicher sehr dankbar dafür."

„Für Kriemhild will ich gern Bote sein", antwortet Siegfried.

„So sagt ihr, meiner Mutter und allen anderen: Gunther kommt mit seiner geliebten Frau und vielen Gästen nach Hause zurück."

Mit vierundzwanzig Rittern reitet Siegfried an den Rhein.

Schon von weitem sehen ihn die Ritter in Worms.

„Siegfried kommt ohne Gunther zurück", sagt Giselher zu Gernot.

Die Nibelungen

„Du meinst, unser Bruder ...?" Gernot spricht nicht weiter.

Da kommt Siegfried endlich. Er springt vom Pferd.

„Gunther sendet Euch Grüße", ruft er. „Er kommt in ein paar Tagen hier an. Mit Brünhild!"

„Gott sei Dank!" sagt Giselher. „Geht nur sofort zu Kriemhild und unserer Mutter."

Auch Kriemhild in ihrem Zimmer hat schon von Siegfrieds Ankunft gehört.

„Glaubst du, diese schreckliche Frau hat Gunther ... getötet?" fragt die Mutter.

Da kommt ein Diener und meldet [1] ihnen Siegfried.

Schnell ziehen sie sich elegantere Kleider über. Dann lassen sie Siegfried hereinbitten.

„Seid uns willkommen, Siegfried, edler Ritter. Sagt uns: wo ist mein Bruder?"

„Ihr schönen Frauen, weint nicht mehr. Gunther ist gesund. Er und seine Frau lassen Euch von Herzen grüßen! Sie müssen in wenigen Tagen hier sein."

Jetzt weint Kriemhild wirklich.

„Gunther bittet Euch sehr", sagt Siegfried dann, „empfangt die Gäste und Brünhild gut. Am besten reitet Ihr an den Rhein und bereitet dort den Empfang vor. Das ist Gunthers Wunsch."

Gern wollen die Frauen alles vorbereiten lassen.

---

1. **jdn. melden** : sagen, dass jemand da ist.

Doppelhochzeit

Kriemhild möchte Siegfried am liebsten einen Kuss geben. Aber das geht nicht.

In der Burg wird jetzt pausenlos gearbeitet. Die Zimmer werden geschmückt [1]. In den großen Festsaal werden Stühle gebracht. Eine lange Tafel [2] wird aufgebaut.

Am Rhein stellt man Zelte [3] auf.

Die Frauen suchen ihre besten Kleider heraus, oder lassen sich neue, prächtige Kleider aus arabischen Stoffen machen. „Da kommen viele fremde Ritter", hat ihnen Kriemhild gesagt, „die sollen eure Schönheit sehen."

Die Gäste sind schon am Rhein gesehen worden, sagt man. Es ist Zeit.

Die Damen reiten aus der Burg. Ihre Pferde werden von den Rittern geführt.

Vorne reitet Kriemhild, Siegfried hält ihr Pferd.

Es ist ein langer Zug. Rechts und links gibt es schon Waffenspiele. Es ist ein Festtag.

Am Rhein angekommen, sehen sie Gunther und Brünhild an der anderen Seite des Flusses stehen.

Die beiden lassen sich über den Fluss setzen [4].

Gunther hilft Brünhild an Land.

---

1. **etw. wird geschmückt** : Passiv (siehe Formprobleme) = man schmückt.
2. **e Tafel** : langer Tisch.
3. **s Zelt** : wie ein Haus, aus Stoff (Camping).
4. **über den Fluss setzen** : über den Fluss fahren.

Die Nibelungen

Kriemhild geht auf sie zu. Sie küsst Brünhild zum Gruß.

„Ihr seid uns in unserer Familie und in unserem Lande willkommen!"

Brünhild dankt ihr.

Auch Kriemhilds Mutter küsst sie. Die Frauen umarmen sich immer wieder.

Bald hört man die Waffen im Wettkampf auf die Schilde schlagen.

Die Frauen und Mädchen sehen zu.

Abends reitet man zur Burg.

Im Festsaal ist alles vorbereitet.

Die schöne Brünhild steht neben Gunther an der Tafel. Sie trägt eine Krone.

Schon werden die Wasserbecken gebracht.

Da will Siegfried nicht mehr warten: „Gunther, bin ich nicht mit Euch zu Brünhild gefahren? Ist jetzt Brünhild nicht Eure Frau? Ihr wisst, ich wollte diese Reise nicht machen, und nicht für Euch habe ich sie gemacht. Euer Wort ..."

„Ihr habt Recht, Siegfried. Ich habe Euch mein Wort gegeben."

Er lässt Kriemhild rufen.

Sie kommt mit ihren Mädchen in den Saal.

„Die Mädchen brauchen wir hier nicht, Kriemhild. Du musst wissen, ich habe einem edlen Ritter mein Wort gegeben:

Doppelhochzeit

zurück in Worms, sollte er dich zur Frau bekommen. Willst du für mich diesen Ritter heiraten?"

„Ihr, lieber Bruder, sollt mich nicht bitten. Was Ihr mir sagt, will ich tun", antwortet Kriemhild. Sie sieht Siegfried an und wird rot.

Siegfried dankt ihr und geht zu ihr.

Um sie herum stehen die anderen Ritter.

Vor ihnen erklärt Gunther Siegfried und Kriemhild zu Mann und Frau.

Jetzt küssen sie sich.

Dann nehmen sie an der Tafel Platz.

Brünhild aber weint.

„Warum weint Ihr an so einem Tage, Brünhild?" fragt Gunther. „Seit heute seid Ihr hier Königin. Auch meine Schwester hat –"

„Eure Schwester gebt Ihr diesem Mann zur Frau! Eurem Dienstmann! Das arme Mädchen!" ruft Brünhild.

„Das kann ich Euch hier und jetzt nicht erklären, Brünhild. Ihr müsst mir glauben, Kriemhild hat den richtigen Mann gefunden. Ein großer König ist er, so wie ich selbst."

Aber Brünhild will nichts hören.

Noch beim Abendessen wird Gunther unruhig. Er sieht Brünhild an und denkt: „Lieber als sitzen möchte ich jetzt neben dir liegen, meine Schöne!"

Beide Paare ziehen sich in ihre Zimmer zurück.

Die Nibelungen

Wie Siegfried Kriemhild in den Arm nimmt, sie küsst – von ihrem Liebesglück will ich nichts erzählen.

Gunther aber, muss ich Euch sagen, hat bei anderen Frauen schon wärmer gelegen.

Brünhild legt sich aufs Bett.

„Endlich", denkt er.

Er legt sich neben sie.

Im Licht einer Kerze [1] legt er liebevoll den Arm um sie.

Brünhild sieht ihn an.

„Ihr glaubt doch wohl nicht ...? Nehmt den Arm weg und haltet ein bisschen mehr Distanz!"

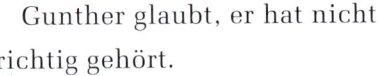

Gunther glaubt, er hat nicht richtig gehört.

„Ich will Jungfrau [2] bleiben. Lasst mich!"

„Was?" fragt Gunther böse.

„Ihr seid meine Frau!"

Da nimmt Brünhild ihren Gürtel [3] und bindet ihm Hände und Füße.

Sie trägt ihn bis an die Wand. Da hängt sie den armen Gunther an einen Nagel [3].

„Brünhild!" sagt er jetzt ganz lieb. „Liebste Brünhild. Holt

---

1. **e Kerze(n)** : offenes Licht.
2. **e Jungfrau(en)** : Frau, die noch nie mit einem Mann geschlafen hat.
3. **r Gürtel(=)** : hält die Kleider zusammen und die Hose oben, in der Mitte des Körpers.
4. **r Nagel(¨)** : steckt in der Wand, ist aus Metall.

Doppelhochzeit

mich von der Wand [1] und bindet mich los. Ich bitte Euch. Ich will auch ganz brav neben Euch liegen. Brünhild! Bitte!"

Aber Brünhild schläft schon und hört ihn nicht.

Erst am frühen Morgen, im ersten Sonnenschein, wacht sie auf.

Ihr Mann hängt immer noch dort. Geschlafen hat der arme Gunther sicher nicht.

„Brünhild, die Diener müssen bald kommen. Sollen sie ihren König so sehen? Könnt Ihr, die Königin, das wollen?"

Brünhild steht auf und bindet ihn los.

Er legt sich wieder neben sie.

Aber er hält sich fern von ihr.

---

1. **e Wand(¨-e)** : Mauer.

KAPITEL 8

Siegfried hilft Gunther noch einmal

Am nächsten Morgen kommen die Diener in die Zimmer.
Es ist der Tag der Messe.
In der Kirche tragen Brünhild und Gunther, Siegfried und Kriemhild Königskronen.

Der Bischof erklärt die beiden Paare vor Gott für verheiratet.

An diesem Tag bekommen auch 600 junge Männer das Ritterschwert.

Es ist ein großer Freudentag für das ganze Land.

Nur Gunther kann sich nicht freuen.

Siegfried sieht, wie er allein spazieren geht.

„Was habt Ihr, Gunther? Ihr seht nicht glücklich aus. Darf ich fragen: Wie war die Nacht? Habt Ihr Brünhilds Liebe gewinnen können?"

„Liebe? Brünhild? Einen Teufel habe ich mir da ins Haus gebracht! Erst hat sie mich gebunden ..." Siegfried sieht ihn an.

„... und dann an die Wand gehängt. Die ganze Nacht hat sie mich da hängen lassen. Das bleibt unter uns!"

Siegfried hilft Gunther noch einmal

„Hört, Gunther. Unsere Nacht war ganz anders. Mehr als mein Leben selbst liebe ich Kriemhild. Ihr seid ihr Bruder, mein Freund. Ich will Euch helfen!"

„Aber wie, Siegfried?"

„Heute Nacht komme ich mit. In meinem Tarnmantel kann mich niemand sehen. Ihr macht das Licht aus. Ich bin stärker als sie. Liegt sie dann auf dem Bett, lass' ich sie Euch."

„Aber ... Ihr lasst sie mir wirklich! Töten dürft Ihr das Teufelsweib von mir aus, aber eins dürft Ihr nicht. Sie ist meine Frau. Liegt sie auf dem Bett, ist Eure Sache getan!"

„Ihr habt mein Wort, Gunther. Ich liebe nur Kriemhild. Andere Frauen interessieren mich nicht mehr."

„Also heute Abend in meinem Zimmer, Siegfried!"

Auch beim zweiten festlichen Abendessen ist Gunther sehr unruhig.

Der Tag scheint ihm dreißig Tage zu dauern.

Er denkt nur an Brünhild.

Endlich ist das Abendessen zu Ende.

Man führt die Damen in ihre Zimmer.

„Wo ist Siegfried?" möchte Kriemhild wissen. Niemand kann es ihr sagen.

Er steht in seinem Tarnmantel in Gunthers Zimmer.

Gunther verschließt die Tür zweimal.

Mit einer Kerze geht er hinter einen Vorhang [1]. Man sieht fast nichts.

---

1. **r Vorhang** : nicht transparenter Stoff.

Die Nibelungen

Siegfried legt sich zu Brünhild und legt ihr eine Hand auf den Arm.

„Habt Ihr noch nicht genug [1], Gunther?" fragt Brünhild. „Lasst mich in Ruhe!"

Siegfried antwortet nicht. Er kommt Brünhild näher.

Gunther kann nichts sehen. „Was macht Siegfried da?" fragt er sich.

Da hört er einen Schlag. Siegfried fliegt aus dem Bett, schlägt mit dem Kopf auf eine Bank.

Langsam steht er auf und geht zum Bett zurück.

„Mann! Finger weg!" sagt Brünhild laut.

Man hört es Krachen.

Sie hält Siegfried in den Armen fest, dann presst [2] sie ihn mit einer Bank gegen die Wand.

Siegfried blutet schon.

„Soll das mein Ende sein?" denkt er. „Von einer Frau getötet! Und morgen macht keine Frau mehr, was ihr Mann sagt! Das darf nicht sein!"

Mit letzter Kraft macht er sich frei, packt Brünhild an den Armen und dreht sie um.

Gunther hört sie schreien.

Siegfried kann sie zum Bett tragen.

Sie will ihren Gürtel nehmen und ihn binden, aber Siegfried kann ihn ihr abnehmen.

---

1. **genug haben** : haben, was man braucht.
2. **pressen** : (mit den Armen) halten und drücken.

Die Nibelungen

Wieder hört Gunther es krachen.

Sie liegt jetzt auf dem Bett.

„Lasst mich leben, Gunther! Ihr seid der Stärkere, ich bin Eure Frau. Für immer."

Siegfried nimmt den Gürtel, zieht ihr auch einen kleinen Goldring vom Finger.

Dann lässt er sie liegen und steht auf wie jemand, der sich nur noch schnell ausziehen möchte.

Er geht aus dem Zimmer.

Jetzt legt sich Gunther neben Brünhild.

Bis zum frühen Morgen lieben sie sich.

Sie ist nicht mehr stärker als andere Frauen.

Am nächsten Morgen zeigt sich Gunther endlich als perfekter Gastgeber.

Er spricht mit den Gästen, sieht bei den Waffenspielen zu.

Man sieht, dass er glücklich ist.

Das Fest dauert zwei Wochen. Dann ist es für viele Gäste Zeit, nach Hause zurückzukehren.

Niemand geht ohne Geschenke.

„Auch für uns wird es Zeit", sagt Siegfried nach dem Fest.

Kriemhild freut sich.

„Ich muss nur noch mit meinen Brüdern sprechen" sagt sie. „Sie müssen mir noch meinen Teil vom Lande geben."

Das hört Siegfried nicht gern.

Bald kommen die drei Brüder zu ihm.

„Wir wollen Euch und Kriemhild auch einen Teil des

Siegfried hilft Gunther noch einmal

Landes geben", sagt Giselher, der jüngste der Brüder.

„Ich danke Euch sehr, aber meine liebe Frau lässt Euch das Land. Wer die Krone in meinem Land trägt, kann nichts anderes mehr wünschen. Aber wenn Ihr mich braucht, bin ich immer für Euch da."

„Also gut, mein Land wollt Ihr nicht", sagt da Kriemhild. „Aber einen Teil unserer Ritter will ich mitnehmen. Ein Ritter aus Burgund ist für jeden eine Ehre."

Gernot antwortet: „Nimm, wen du haben möchtest. Viele reiten sicher gern mit dir. Wir haben dreitausend hier, tausend Ritter kannst du mitnehmen."

„Hagen möchte ich mitnehmen, Dankwart und Ortwin."

Aber Hagen steht in der Nähe und hat alles gehört.

„Wir kommen nicht mit. Wir dienen den Königen in Worms, niemand anderem!"

Kriemhild will nicht mit Hagen streiten.

Am Ende gehen zweiunddreißig Mädchen und fünfhundert Ritter mit ihr.

ÜBUNGEN

Leseverständnis

1 Was steht im Text, was nicht?

1. Gunther schickt Siegfried als Boten nach Worms.
2. Erst denken alle, Gunther ist tot.
3. Kriemhild und ihre Mutter empfangen Brünhild schon am Rhein.
4. Kriemhild ist sehr freundlich zu Brünhild.
5. Gunther will Siegfried nicht seine Schwester geben.
6. Brünhild will nicht mit Gunther schlafen.
7. Gunther schläft in dieser Nacht gut.
8. Siegfried hat keine Probleme mit Brünhild.
9. Siegfried bleibt die ganze Nacht bei ihr.
10. Kriemhild will nur Siegfried, sonst nichts auf der Welt.

2 Ergänze die Satzanfänge 1-5 mit a-e:

1. ☐ Brünhild weint,
2. ☐ Siegfrieds Freund geht allein spazieren,
3. ☐ Brünhild kann Siegfried nicht sehen,
4. ☐ Nach der zweiten Nacht ist Brünhild nicht mehr stark,
5. ☐ Hagen will nicht mit Kriemhild kommen,

a. denn er will nur Gunther und seinen Brüdern dienen.
b. denn es ist dunkel im Zimmer und er trägt seinen Tarnmantel.
c. denn er hat Probleme mit seiner Frau.
d. denn Gunther gibt seine Schwester seinem Dienstmann zur Frau.
e. denn sie ist keine Jungfrau mehr.

ÜBUNGEN

Beantworte die Fragen

1. Siegfried heiratet Kriemhild. Wie ist die Zeremonie?
2. Was macht Brünhild in der ersten Nacht mit Gunther?
3. Was darf Siegfried nicht mit Brünhild machen?
4. Kriemhild möchte ihren Teil des Landes von ihren Brüdern. Was möchte Siegfried und warum?

Und jetzt schreibst du selbst ...

3 **Brünhild geht bei dem Hochzeitsfest in den Garten und schreibt ihrem Onkel einen Brief.**

Lieber Onkel, heute gibt es hier ein Fest. Ich bin ...
Und auch Kriemhild ...

Wortschatzprobleme

4 Im Text gibt es viele Vokabeln, die du nicht oft gebrauchst. Hier eine Reihe von „Kurzdefinitionen". Welches Wort (aus der Liste) oder welche Wortkombination passt?

Menschen töten	prächtig
viele Tiere töten wollen	Fehde erklären
mit dem Stock töten	Turnier
Kampf (als Sport)	tauchen
elegant und teuer	erschlagen
an ihn hängt man etwas	Gürtel
man kann ihm nichts tun	Frieden schließen
einen Konflikt beginnen	Krieg führen
einen Krieg beenden	auf Jagd gehen
hält Hosen oder Röcke oben	Nagel
unter Wasser gehen	er ist unverwundbar

ÜBUNGEN

5 Es gibt auch viele zusammengesetzte Verben im Text. Setze die Verben aus der Liste in der richtigen Form ein (Nicht immer fehlt etwas):

Beispiel: Er möchte Kriemhild endlich **kennen lernen**.

fortreiten	mitbringen	annehmen
vorreiten	weiterreiten	mitgeben
auf jdn zureiten	mitnehmen	~~kennen lernen~~

Siegfried will nicht zu Hause bleiben. Eines Tages will er nach Norwegen. Seine Tante sagt, er soll warme Pullover .... Siegfried antwortet, sie soll ihm lieber Geld .... Er will auch zwei Ritter .... Am nächsten Morgen .... er .... Nach zwei Stunden sieht er einen Mann. Er sagt seinen Rittern, sie sollen auf ihn warten, und .... auf den Mann .... Es ist ein Freund. Er begrüßt ihn und sie setzen sich. Später will Siegfried .... Seine Ritter sind zu langsam, und er .... wieder allein .... In Worms angekommen, sagt er zu Kriemhild: „Ich habe Euch Geld ...." Sie sagt, sie kann es nicht ....

6 Bilde aus den folgenden Wörtern drei Gruppen. Welche Gruppen? Das musst du selber wissen.

r Ritter	r Tisch	r Baum	s Heer	s Schwert
r Drache	s Bett	r Wald	e Lanze	e Pistole
e Kanone	e Lampe	r Tiger	r Löwe	e Rüstung

ÜBUNGEN

Beispiel: Auto – Maus – Hund – Hamburg

Transport	Tiere	Städte
Auto	Maus Hund	Hamburg

Formpobleme

> Der Kampf ist zu Ende. Brünhild fragt Siegfried:
> *„Wo bist du denn gewesen?"*
> Gunther denkt nur noch an Brünhild, da sagt Siegfried zu ihm:
> *„Ich bin mit Euch zu Brünhild gefahren. Ich wollte diese Reise nicht machen und nicht für Euch habe ich sie gemacht ..."*.

7 In diesen Sätzen finden wir zwei Formen der Vergangenheit: Präteritum und Perfekt. Schreibe die Verbformen, die du im Text findest, in die Tabelle:

Hilfsverb	Partizip	Präteritum

ÜBUNGEN

8 **Kennst du die Regeln? Kennst du sie nicht, kannst du Hypothesen bilden:**

1. Wie sind die Infinitivformen der Verben im Partizip und in der Präteritumform?
2. Warum ist das Hilfsverb im Perfekt einmal „*sein*" und einmal „*haben*"? Was ist das richtige Hilfsverb im Perfekt der Verben: *schlafen, tun, reiten, kämpfen, bleiben*?
3. Warum finden wir im Text einmal das Perfekt, einmal das Präteritum? Wie ist die Regel? Welche Vergangenheitsform der folgenden Verben ist beim Erzählen „normaler": *schlafen, küssen, wollen, heiraten, können, kämpfen*?
4. Welches Partizip passt zu welchem Infinitiv?

geheiratet	verkaufen
getanzt	nehmen
gesagt	denken
erzählt	gehen
gekauft	tanzen
verkauft	bitten
gedacht	sagen
gebeten	heiraten
gegangen	kaufen
genommen	erzählen

5. Bilde aus den folgenden Elementen Sätze:

Siegfried   Die Ritter   Kriemhild   Brünhild   Alberich

sind   ist   hat   wollte   hat

Brünhild   nach Worms   zu Brünhild

ihm den Schatz nicht   Gunther

geheiratet   gefahren   geben   empfangen   geritten

Zur Geschichte ...

Was denkst du? Was weißt du?

1. Kriemhild nimmt arabische Stoffe für die Kleidung der vier Ritter. Sie wohnt in Worms am Rhein. Woher hat sie diese Stoffe? Seit wann kauft und verkauft man diese Stoffe in Europa?
2. Burgund, das ist heute die Bourgogne, hat einmal am Rhein gelegen, liegt heute aber nicht mehr dort. Warum nicht? Für die Antwort brauchst du zwei deutsche Wörter, die du noch nicht kennst. Du findest sie in dieser Liste.

```
    s Papsttum      e Völkerwanderung      e Revolution
  e Eroberung des Weltraums      r Kreuzzug(¨-e)
e Arbeitslosigkeit      s Frühchristentum      r Neandertaler
          s Mittelalter      s Römische Reich
```

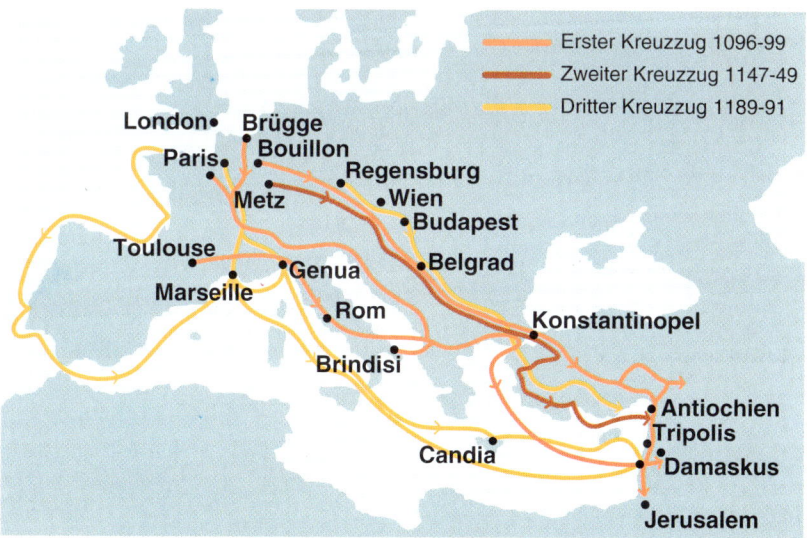

Mit Hilfe dieser beiden Karten kannst du die geschichtlichen Fakten besser erklären. Was ist passiert? Wer kommt woher, geht/fährt/reitet wohin?

Situation: Marsmenschen sind nach Köln gekommen und lassen die Christen nicht mehr in den Kölner Dom gehen. Der Papst protestiert. Der Präsident der USA protestiert. Nichts. Da organisiert der Papst einen Marsch nach Köln. Gehst du mit?

Diskussion: Was ist für Europa positiv, was negativ an den K................?

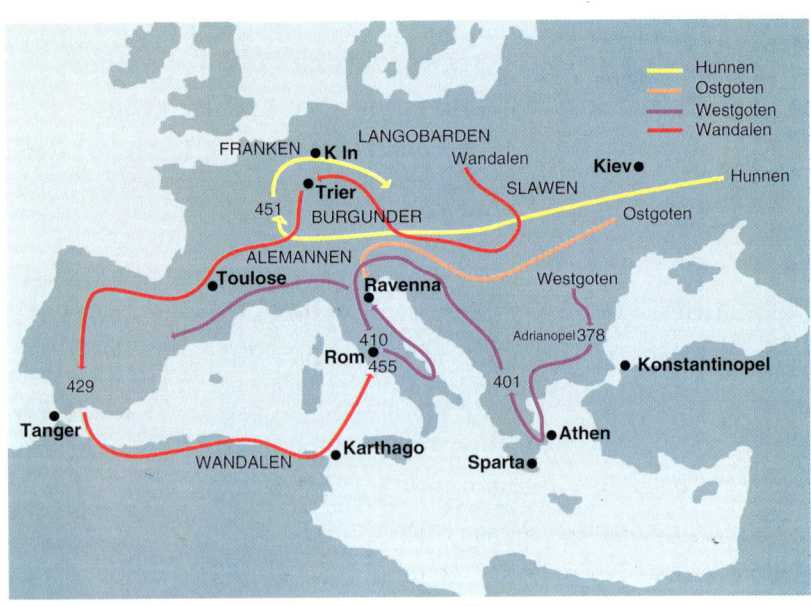

Wanderung der Germanenstämme.

KAPITEL 9

Der Streit der Königinnen

Zehn Jahre später, Siegfried ist jetzt König in Xanten, bekommt Kriemhild einen Sohn.
Sie nennen ihn Gunther, nach seinem Onkel, dem König von Worms.
In dieser Zeit stirbt auch Siegfrieds Mutter.
Kriemhild ist jetzt allein Königin.
Auch Gunther wird Vater eines Sohnes.
Sie nennen ihn Siegfried, dem Ritter aus Xanten zu Ehren.

Oft wird in Worms von Siegfried gesprochen.
Groß ist sein Reich, größer als das alte Reich von Xanten, denn auch das Nibelungenland mit seinen Rittern und dem großen Schatz ist sein.
Man hat Respekt vor ihm, Angst vor seiner Stärke.
Brünhild ist mit all dem nicht glücklich.
„Siegfried ist doch unser Ritter", denkt sie. „Warum schickt er uns keinen Tribut? kein Gold? keine Ritter?"
Sie geht zu Gunther.
„So gern möchte ich die schöne Kriemhild noch einmal

Die Nibelungen

sehen. Können wir sie nicht einladen?"

Gunther ist nicht begeistert [1]: „Ihr wisst, sie wohnen nicht mehr in Xanten, sondern in Norwegen. Der Weg ist zu weit."

„Er ist ein großer König, aber er ist Euer Dienstmann. Ruft Ihr ihn, muss er kommen!"

Gunther lacht. Siegfried ein Dienstmann? Glaubt sie das wirklich?

Brünhild lässt nicht locker [2].

„Tut mir den Gefallen! Laden wir sie ein!"

Am Ende sagt Gunther ja. „Also gut, schicken wir Ihnen Boten und bitten wir sie zu uns. Ich schicke dreißig Ritter nach Norden. Die müssen wir aber erst einkleiden [3]."

„Das ist schnell getan", sagt Brünhild, und kurze Zeit später stehen die Boten schon vor ihnen.

„Sagt meiner lieben Schwester und ihrem edlen Mann, niemand denkt so oft und gern an sie wie wir, und ladet sie freundlich zu uns an den Rhein ein. Sagt Siegfried, sie mögen vor der Sonnwende [4] kommen."

Nach sechs Wochen kommen die Boten aus Norwegen zurück.

„Siegfried will gern kommen", sagen sie. „Auch Kriemhild und Siegfrieds Vater kommen mit ihm." Nur ihren kleinen Sohn lassen sie zu Hause.

---

1. **begeistert** : enthusiastisch.
2. **nicht locker lassen** : insistieren.
3. **jdn. einkleiden** : von Kopf bis Fuß kleiden.
4. **e Sonnwende** : german. Festtag, der längste Tag des Jahres.

Der Streit der Königinnen

Noch glauben sie, sie sehen ihn bald wieder.

Mit tausend Rittern kommen Kriemhild, Siegfried und sein Vater in Worms an.

Sie werden herzlich begrüßt.

Kriemhild und Brünhild umarmen und küssen sich.

Es gibt ein Festessen. 1200 Ritter sind dabei.

Am nächsten Morgen geht das Fest weiter.

Noch vor der Messe gibt man ein Turnier.

Die besten Ritter kämpfen hier im ersten Sonnenschein.

Die Frauen und Mädchen sitzen an den Fenstern und sehen zu.

Am Ende reiten auch Gunther und Siegfried auf den Turnierplatz.

„Seht nur meinen Mann an", sagt Kriemhild zu Brünhild. „Ist er nicht zum König geboren?"

„Aber Ihr seid nicht allein auf der Welt", antwortet Brünhild. „Gunther ist König hier und steht über Siegfried."

„Über Siegfried soll er stehen? Seht nur, wie Siegfried vor den anderen dasteht, wie der Mond vor den Sternen!"

„Seid nicht böse, Kriemhild. Aber Siegfried hat mir selbst gesagt, dass er Gunthers Dienstmann ist. Er hat ihm das Pferd gehalten!"

„Wie? Ihr meint, meine Brüder haben mich einem Dienstmann zur Frau gegeben? Das glaubt Ihr doch selber nicht. Ich bitte Euch, sagt das nicht noch einmal."

„Ach, ich soll das nicht sagen? Und Siegfried soll uns nicht mehr dienen?" fragt Brünhild böse.

Die Nibelungen

„Ihr habt kein Recht auf Siegfrieds Dienst. Hat er Euch schon einmal Tribut gezahlt? Warum nicht? Weil er ein Herr ist! Kein Wort mehr von diesen Geschichten!"

„Wir wollen doch sehen, wer hier die Herrin ist!"

„Vor Euch will ich in den Dom gehen! Frei bin ich und edel, und mein Mann steht über Eurem!"

„Eine Dienstfrau seid Ihr!"

Die Frauen gehen auseinander.

ÜBUNGEN

Leseverständnis

1 Was steht im Text, was nicht?

1. Siegfried ist sehr reich.
2. Brünhild hört oft von Siegfried sprechen und findet das schön.
3. Brünhild möchte Kriemhild und Siegfried einladen, denn sie liebt sie sehr.
4. Gunther meint, die Reise ist sehr weit.
5. Gunther lädt Siegfried und Kriemhild ein.
6. Das Fest ist am Tage der Sonnenwende.
7. Die Boten Gunthers reiten nach Xanten und sprechen mit Siegfried.
8. Bei dem Turnier kämpft Siegfried gegen Gunther.
9. Brünhild sagt, Siegfried steht über Kriemhild.
10. Gunther sagt, Kriemhild steht über Brünhild.

Korrigiere die Sätze, die so nicht richtig sind!

2 Ergänze die Satzanfänge 1-4 mit den Elementen a-d:

1. ☐ Siegfried wohnt jetzt in Norwegen,
2. ☐ Gunther lacht,
3. ☐ Kriemhild glaubt nicht,
4. ☐ Kriemhild will vor Brünhild in den Dom gehen,

a. denn er ist auch König der Nibelungen.
b. ihre Brüder haben sie einen Dienstmann heiraten lassen.
c. denn man soll sehen, dass sie die Herrin ist.
d. denn Brünhild glaubt, er ist Siegfrieds Herr.

ÜBUNGEN

Beantworte die Fragen

1. Warum streiten die beiden Frauen?
2. Warum denkt Brünhild, Siegfried ist ein Dienstmann?
3. Was wollen sie dann tun?

Und jetzt schreibst du selbst ...

3 **Du bist Thusnelda, Kriemhilds Dienstmädchen, und hörst, wie deine Herrin streitet.**

1. Du bist aber auch eine Spionin Lüdigers und schreibst ihm einen Brief:
   Edler König! Ich bin jetzt ... Hier gibt es ...
2. Du schreibst einen kurzen Artikel für das Skandalblatt „Wormser Abendbote":
   „Krise in Worms! Die Königinnen von ... und ..."

Formprobleme

Das Passiv

1. *Oft wird in Worms von Siegfried gesprochen.*
2. *Kriemhild, Siegfried und sein Vater werden in Worms herzlich begrüßt.*

Die beiden Sätze sind passivisch konstruiert.
Satz 2. heißt im Aktiv:
2a. *Man begrüßt Kriemhild, Siegfried und seinen Vater in Worms herzlich.*
Satz 1. ist „typisch deutsch", ein Passiv „ohne Subjekt" oder unpersönliches Passiv.
1a. *Man spricht in Worms oft von Siegfried.*
Diese Konstruktion wird im Deutschen oft gebraucht. Wie heißen **1.** und **1a.** in deiner Muttersprache?

ÜBUNGEN

4 **Setze die folgenden Passivsätze ins Aktiv:**

1. Heute wird viel gegessen und getrunken.
2. Siegfried wird auf dem Kampfplatz gesehen.
3. In Worms wird oft gekämpft.
4. Boten werden nach Xanten geschickt.
5. Siegfried und Kriemhild werden zu einem Fest eingeladen.

5 **In den folgenden Passivsätzen gibt es auch einen „Akteur". Er steht nach der Präposition „von" (im Dativ!) und ist das Subjekt des Aktivsatzes.**

Beispiel: Er wird von seiner Frau geküsst. → Seine Frau küsst ihn.

Forme die folgenden Sätze ins Aktiv um:

1. Gunther wird von Brünhild an die Wand gehängt.
2. Siegfried wird von Alberich geschlagen.
3. Die Nibelungen werden von Siegfried getötet.
4. Heute wird er von Hagen begrüßt.
5. Sie werden von Brünhild und Gunther empfangen.

6 **Am Anfang eines (unpersönlichen) Passivsatzes steht oft das Pronomen „es": Will ich oder kann ich nichts anderes an den Anfang stellen, muss dort ein „es" stehen.**

Der Aktivsatz: Man arbeitet.
heißt im Passiv: *Es wird gearbeitet.*
Der Aktivsatz: Man arbeitet viel in Worms.
kann im Passiv heißen:

1. *In Worms wird viel gearbeitet.* (= in Worms, vielleicht nicht in anderen Städten)
2. *Viel wird in Worms gearbeitet.* (akzentuiert: nicht wenig!)
3. *Es wird in Worms viel gearbeitet.*

ÜBUNGEN

Setze die folgenden Sätze ins Passiv:

1. Man trinkt.
2. Man sieht viele Leute.
3. Man isst Wildschwein.
4. Man hilft ihr gern.
5. Man sieht sie gern.
6. Was produziert man in Worms?

7 **Perfekt: Es ist gekämpft worden. (Präsens: Es wird gekämpft.)
Setze die folgenden Passivsätze:**

a. in die aktive Form
b. ins Präsens

1. Er ist am Hofe gesehen worden.
2. Es ist bis 12 Uhr nachts gefeiert worden.
3. Es ist ihr von Siegfried gesagt worden.
   (Versuch mal: Das muss ihr von Siegfried gesagt worden sein.)

Wortschatzprobleme

8 **Von welchen Verben „kommen" diese Substantive?**

1. e Warnung – r Empfang – e Ankunft – e Meldung – e Bindung
2. r Packtisch – r Teppichklopfer – e Buchbinderei

ÜBUNGEN

9 Setze die fehlenden Wörter ein:

> klopfen packen warnen nachmachen
> empfangen wanken binden melden
> umarmen r Teufel r Leib

Meine alte Tante .... mich oft: „Früher oder später",
sagt sie immer, „kommt dich der .... holen!"
Nun, heute Morgen ... ich .... gerade meine Sachen in
die Tasche, „tock, tock", ... es an die Tür. Mein
Diener, er ist schon ein bisschen alt und kann nicht mehr gerade
gehen, ... zur Tür. Drei Minuten später
.... er mir: „Der .... ist da, mein Herr."
Was soll ich tun? Ihn .... und mit ihm Tee trinken?
Ihn .... wie einen alten Freund? Ihn an den Stuhl
.... und ein Kreuz holen? Da kommt er schon.
„................ und Leben will ich nicht, mein Lieber, ich
will ..." – „Ach", sage ich da, „ich weiß schon. Schon verkauft."
„Wem? Hat mich jemand .... ?" fragt er da.
„Vielleicht, ja, weiß nicht", antworte ich. „Das ist so: Eines
Morgens .... ich gerade meine ..."

10 Die Präfixe *an-, ab-, los-, fort-, vor-, hoch-* kennst du jetzt schon von einer Reihe von Verben. Nicht immer ist ihre Funktion ganz klar. Aber stabile Tendenzen gibt es schon:

Ein Gegenteil von *ankommen* ist *abreisen (wegfahren, fortreiten ...)*.
Ich kann etwas *annehmen* oder *abgeben* (= *weggeben, fortgeben*).
Ich kann mich *anmelden* oder *abmelden* (an der Rezeption im Hotel, bei der Polizei).

ÜBUNGEN

Das Gegenteil von *vorgehen* oder *vorausgehen* ist *hinterhergehen*.
Eine Alternative zu *hochlegen* ist *nach oben legen*, zu *hoch gehen*:
nach oben gehen, hinaufgehen.

Setze passende Präfixe ein:

1. Siegfried reitet vor, die anderen .... 2. Kommst du im Hotel ...., musst du dich .... 3. Du bekommst dreitausend Mark von deiner Tante und gibst uns nichts davon ....? 4. Vier Tage nach seiner Ankunft ist er wieder .... gefahren. 5. Kannst du mir den Stein .... nehmen? Er ist so schwer! 6. Stell dein Motorrad vor dem Palast ....! 7. Was ich machen möchte? Fernsehen und die Beine .... legen! 8. Sie schlägt ihm den Kopf .... und hält ihn .... 9. Nach dem Krieg will Siegfried .... reiten. 10. Ich kann das Geschenk leider nicht .... nehmen. 11. Esst in Ruhe weiter! Ich gehe einen Moment ...., auf mein Zimmer. 12. Willst du den Turm zu Fuß .... gehen?

11 **Welche der Wörter passen in die Antworten zu welcher der vier Fragen?**

	s Zelt
	r Palast
	s Fahrrad
Wo kann man wohnen? In ...	r Leib
Wo kann man essen? An ...	s Flugzeug
Womit kann man reisen? Mit ...	r Tisch
Was kann man verlieren? ...	e Ehre
	e Burg
	s Pferd
	r Edelstein
	r Turm
	e Tafel

KAPITEL 10

Hagens Plan

Kriemhild bittet ihre Frauen, sich so prächtig wie möglich zu kleiden.

Brünhild tut dasselbe, aber sie ist nicht so reich.

Vor dem Eingangstor des Domes treffen die beiden Frauen aufeinander.

„Ich gehe zuerst", sagt Brünhild laut. „Die Dienstfrau kommt nach der Herrin!"

Kriemhild wird rot.

„Dienstfrau soll ich sein? Und das sagt Ihr? Dann habt Ihr also mit einem Dienstmann im Bett gelegen!"

„Was redet Ihr da?" fragt Gunthers Frau.

„Vor Gunther noch umarmte Siegfried Euren schönen Leib! Seht hier, den Gürtel und da, den Ring an meinem Finger. Wer hat sie Euch genommen? – Siegfried hat Euch zur Frau gemacht, nicht mein Bruder! Und Euren Bettgefährten nennt Ihr jetzt Dienstmann?"

Kriemhild geht in die Kirche.

Brünhild steht noch vor dem Tor [1] und weint. „Was hat

---

1. **s Tor(e)** : große Tür.

Die Nibelungen

Kriemhild da gesagt? Vor allen Leuten! Kann das sein?"

Nach der Messe lässt sie Gunther rufen und erzählt ihm alles.

Sie zeigt auf Kriemhild: „Da, sie trägt meinen Gürtel und meinen Ring! Tut etwas, sonst ist meine Ehre verloren!"

Gunther bittet die Diener, Siegfried zu holen.

„Siegfried, es geht um unsere und Eure Ehre. Eure Frau will von Euch gehört haben, Ihr habt Brünhild zur Frau gemacht. Gebt uns eine Erklärung, oder wir müssen kämpfen!"

„Wenn sie das gesagt hat", antwortet Siegfried, „will ich sie bestrafen [1]. Von mir hat sie das nicht, ich schwöre [2] es Euch hier vor allen Rittern."

Siegfried hebt die Hand, aber da sagt Gunther: „Schwört nicht, Siegfried, ich glaube Euch auch so."

„Unsere Frauen müssen lernen, erst zu denken und dann zu sprechen. Sagt das auch Eurer, die meine bestrafe ich heute noch", sagt Siegfried.

Hagen geht zu Brünhild. Sie weint.

„Das soll er mir bezahlen!" sagt Brünhild. „Ich bitte Euch, Hagen, helft mir, mich zu rächen [3]!"

Hagen schwört es ihr. „Siegfried muss sterben", sagt er.

Gunther und seine Brüder kommen auch dazu.

Giselher meint: „Was sagt Ihr da? Soll Siegfried sterben, weil

---

1. **bestrafen** : wer etwas schlechtes getan hat, den muss man … .
2. **schwören** : die Hand aufs Herz legen, und (zum Beispiel) „vor Gott", „auf meine Mutter" … etwas laut sagen.
3. **sich rächen** : Auge um Auge, Zahn um Zahn.

Hagens Plan

hier zwei Frauen gestritten haben?"

„Es geht um unsere Ehre", antwortet Hagen.

„Auch ich will Siegfrieds Tod nicht", sagt Gunther. „Ist er nicht unser Freund? Ist er uns nicht immer treu [1] gewesen?"

Aber Hagen lässt nicht locker.

Immer wieder erklärt er dem König, warum Siegfrieds Tod nur gut für ihn ist.

„Denkt nur an Siegfrieds Land und an den Nibelungenschatz."

„Hagen, hört auf mit diesen Geschichten", antwortet Gunther. „Denkt auch daran, wie stark Siegfried ist. Denkt an seinen Panzer aus Drachenblut. Wollt Ihr gegen ihn kämpfen?"

„Ich habe schon einen Plan. Lasst falsche Boten in unser Land kommen, die uns den Krieg erklären. Siegfried hilft Euch natürlich sofort, und das ist sein Ende. Denn seine Frau selbst wird mir sagen, wo er verletzt werden kann."

Ein paar Tage später kommen Ritter nach Worms, die man dort noch nie gesehen hat.

Sie gehen zum König und erklären, sie sind Boten Lüdigers, des Sachsenkönigs.

„Wir bringen Euch Fehde ins Land", sagen sie. „Unsere Ritter sind bald hier im Burgunderland."

Gunther schickt sie weg.

„Jetzt müsst Ihr Siegfried um Hilfe bitten!" sagt Hagen.

---

1. **jdm. treu sein** : nie etwas gegen die Person tun, sie nie verlassen ... .

Die Nibelungen

Aber Siegfried sieht, dass seine Freunde traurig sind, und kommt von selbst.

„Gunther, darf ich fragen ..."

„Es sind wieder die Sachsen und Dänen, Siegfried. Sie wollen wieder Krieg."

„Das ist zu viel! Die müssen bestraft werden. Bleibt Ihr am Rhein. Ich will mit meinen Rittern in das Sachsenland reiten. Ihre Burgen und Städte werden wir zerstören. Die werden nie wieder kommen!"

Gunther dankt ihm.

Alles wird für den Kriegszug vorbereitet.

Da geht Hagen zu Kriemhild. „Morgen geht es los", sagt er. „Ich wollte Euch nur auf Wiedersehen sagen."

„Ach, Hagen", sagt Kriemhild: „Ich möchte nicht, dass Ihr Siegfried für meinen Streit mit Brünhild bezahlen lasst. Er war sehr böse auf mich und hat mich geschlagen, um mich zu bestrafen."

„Liebe Herrin", sagt Hagen. „Wenn es etwas gibt, was ich für Euren Siegfried tun kann, will ich das gerne tun."

„Ich habe immer Angst, wenn er in den Kampf zieht. Er hat zwar einen Panzer, aber ..."

„Aber? Sagt es mir, und ich will Euren Siegfried schützen [1]!"

„Lieber Hagen, Ihr seid praktisch ein Teil der Familie, Euch kann ich es sagen. Ihr wisst, er hat im Blut des Drachen gebadet und kann nicht leicht verletzt werden. Aber zwischen

---

1. **jdn. schützen** : aufpassen auf jdn., denn niemand soll ihm etwas tun.

Hagens Plan

Siegfrieds Schultern gibt es einen Punkt, wo man ihn treffen kann. Darum habe ich oft Angst um ihn."

„Macht ein kleines schwarzes Kreuz auf sein Gewand [1]. Dann weiß ich, wo man ihn nicht treffen darf und kann ihn schützen."

„Gut", sagt sie, „ein Kreuzchen, das man nur aus der Nähe sehen kann. Da müsst Ihr ihn im Kampf schützen!"

„Ihr wisst, das tue ich gern, liebste Herrin", antwortet Hagen und geht zufrieden weg.

Als Hagen am nächsten Morgen das kleine Kreuz auf Siegfrieds Gewand sieht, reitet er kurz fort.

Er lässt zwei Boten zu Siegfried und Gunther schicken.

„Lüdiger schickt uns", sagen sie. „Er will jetzt doch keinen Krieg und bittet Euch: haltet Frieden."

„Gott sei Dank", sagt Gunther. „Aber nach all diesen Vorbereitungen sollten wir wenigstens auf Jagd gehen. Im Vogesenwald gibt es Wildschweine und Bären."

„Gebt Ihr mir einen Jagdhelfer und Hunde", antwortet Siegfried, „komme ich gern mit."

ÜBUNGEN

Leseverständnis

1 Was steht im Text, was nicht?

1. Brünhilds Frauen sind schlecht gekleidet.
2. Brünhild will als erste in den Dom gehen.
3. Kriemhild sagt Brünhild, sie hat mit Siegfried geschlafen.
4. Kriemhild hat Brünhilds Gürtel.
5. Siegfried hat Kriemhild alles erzählt.
6. Brünhild geht vor Kriemhild in die Kirche.
7. Gunther sagt, Siegfried soll seine Frau schlagen.
8. Gunther sagt, er glaubt Siegfried.
9. Gunther will Siegfrieds Tod.
10. Es gibt wieder Krieg mit den Dänen und Sachsen.
11. Hagen will Siegfried helfen.
12. Siegfried ist unverwundbar.

Korrigiere die Sätze, die so nicht richtig sind!

2 Ergänze die Satzanfänge 1-5 mit den Elementen a-e:

1. ☐ Kriemhild wird rot,
2. ☐ Brünhild weint,
3. ☐ Hagen will Siegfried töten,
4. ☐ Hagen sagt,
5. ☐ Gunther lässt Leute kommen,

a. Gunther soll an Siegfrieds Land und sein Gold denken.
b. denn er will Brünhild rächen.
c. die sagen, sie sind Boten aus Dänemark und Sachsen.

ÜBUNGEN

    d. denn Brünhild sagt „Dienstfrau" zu ihr.

    e. denn Kriemhild sagt, sie hat mit Siegfried im Bett gelegen.

Beantworte die Fragen

1. Warum sind Kriemhilds Frauen prächtiger gekleidet als Brünhilds?
2. Woher weiß Kriemhild von Siegfried und Brünhilds „Kampf im Bett"?
3. Warum lässt Gunther Siegfried nicht schwören?
4. Was will Siegfried mit Kriemhild tun?
5. Warum will Hagen Siegfrieds Tod?

Und jetzt schreibst du selbst ...

3 Du arbeitest als *Paparazzo* für das Skandalblatt „Wormser Abendbote":

1. Du hast die beiden Königinnen vor dem Dom fotografiert. Das Foto wird gut bezahlt, aber du musst einen kurzen Text dazu schreiben. (3 Sätze)
2. Du stehst auf dem Turm und fotografierst mit dem Teleobjektiv, wie Hagen in Brünhilds Zimmer kommt und mit ihr spricht. Was schreibst du zu den Fotos? (3 Sätze)
3. Hagen lässt sich von dir interviewen. Was fragst du, was antwortet er? (5 Fragen und Antworten)

ÜBUNGEN

Formprobleme

Der Nebensatz

1. *Siegfried muss sterben, weil zwei Frauen gestritten haben.*

   Das ist ein zusammengesetzter (komplexer Satz), man kann das auch in zwei einfachen Sätzen sagen:

1a. *Siegfried muss sterben, denn zwei Frauen haben gestritten.*

   Ein anderes Beispiel:

2. *Er hat mir selbst gesagt, dass er Gunthers Dienstmann ist.*

2a. *Er hat mir selbst gesagt, er ist Gunthers Dienstmann.*

   Der zusammengesetzte Satz ist klarer und man kann ihn zum Beispiel auch als Frage formulieren.
   Im zusammengesetzten Satz gibt es *Hauptsatz*: Er muss sterben und *Nebensatz*: weil zwei Frauen gestritten haben.
   Am Anfang des Nebensatzes steht die Konjunktion *weil* (kausal) oder *obwohl* (adversativ) oder *dass* (deklarativ), am Ende steht das (konjugierte) Verb.

4 Mach aus zwei Sätzen einen:

Beispiele: Er ist zwar nicht mehr jung, läuft aber noch gut. →
Er läuft noch gut, obwohl er nicht mehr jung ist.
Sie hat Probleme, denn sie liebt den Mann ihrer Freundin.
Sie hat Probleme, weil sie den Mann ihrer Freundin liebt.

1. Siegfried kommt nach Worms, denn er möchte Gunther wiedersehen.
2. Kriemhild weint, denn sie hat Angst.
3. Zwar hat Kriemhild schlecht geträumt, aber sie lässt Siegfried gehen.

ÜBUNGEN

4. Er hat ihr oft gesagt, sie soll nicht mit Brünhild streiten.
5. Er erzählt, er hat den Drachen getötet.
6. Sie denkt immer noch an ihn, denn sie hat ihn sehr geliebt.
7. Gunther will Siegfried nicht töten lassen, denn er ist sein Freund.
8. Hagen meint, sie sollen ihn töten, denn er hat viel Gold.
9. Er will ihn töten, denn Brünhild ist seine Herrin und ihre Ehre ist wichtig für ihn.
10. Er ist zwar verwundet, schlägt aber noch um sich.

5 **Bei indirekten Fragen ist das Prinzip identisch. Das Fragepronomen wird zur Konjunktion. Gibt es kein Fragepronomen, steht „ob" am Anfang. Bilde indirekte Fragesätze:**

Beispiele: Ich frage mich: Wo bist du? →
Ich frage mich, wo du bist.
Sie fragt mich: „Kommst du?" →
Sie will wissen, ob ich komme.

1. Er fragt sie: „Wie alt bist du?"
2. Kriemhild will wissen: was hat Hagen mit ihrem Geld gemacht?
3. „Was machst du da?" fragt Siegfried Hagen.
4. „Warum weinst du?" fragt Siegfried Gunther.
5. „Hat jemand meinen Mann gesehen?" fragt Kriemhild.
6. Sie fragt mich: „Interessiert dich das?"

ÜBUNGEN

6 Im Text finden wir einen dritten Typ von Nebensätzen, zum Beispiel:

Es kommen Ritter nach Worms, die man dort noch nie gesehen hat.

Das ist ein Relativsatz. Das Relativpronomen am Anfang ist meistens mit dem Artikel identisch. Nur im Dativ Plural und im Genitiv ist das anders, aber der Genitiv interessiert uns hier nicht.

Das ist der Mann, den ich heiraten will. (Akk. mask.)
Das sind die Ritter, denen wir Gold geschenkt haben. (Dativ Pl.)

Versuche selbst, das richtige Relativpronomen zu finden:

1. Hast du den Drachen gesehen, ... Siegfried erschlagen hat?
2. Hast du den Drachen gesehen, ... von Siegfried erschlagen worden ist?
3. Wo sind die Männer, ... du Edelsteine geben wolltest?
4. Woher kennst du die Riesin, mit .... du im Festsaal gesprochen hast?
5. Was hast du mit dem Gürtel gemacht, ... du Brünhild abgenommen hast?

Zur Sprachgeschichte

Manchmal ist es praktisch, etwas über die Geschichte der deutschen Sprache zu wissen. Das kann uns beim Schreiben, beim Lesen und beim Verstehen helfen. Warum schreibt man zum Beispiel Bibliothek mit *th*, und warum Fabrik nur mit *k*? Woher kommen die deutschen Wörter? Auf der Hörkassette gibt es eine kurze Geschichte „deutscher" Wörter. Wann sind diese Wörter nach Deutschland gekommen? Du brauchst nichts anderes zu tun, als die Wörter in die Graphik (siehe nächste Seite) einzutragen. Beispiel: Das Wort „Mauer" haben Soldaten oder Mönche nach Deutschland gebracht. Du schreibst es neben Kolonialisierung/Christianisierung.

Gutenberg-Bibel

Sey uns gegrüßt, du heiliges Land der Erscheinu
er erblicken wir Gott, wie er ist, wie er war, wie
ehe, den Seligen ohne Verhüllung, ohne die Däm

Christi Geburt	0	
Kolonialisierung durch Rom (eines Teils Germaniens)		Mauer
	500	
Christianisierung		
Völkerwanderung		
	1000	
Mittelhochdeutsche Literatur		
	1400	
Humanismus		
	1500	
	1600	
Dreißigjähriger Krieg		
	1700	
Napoleon	1800	
	1900	

Ergänze auch hier:
Aus welchen Sprachen kommen welche deutschen Wörter?
Germanisch: ....
Französisch: ....
Jiddisch: ....
Latein: ....
Griechisch: ....
Englisch: ....

Sey uns gegrüßt, du heiliges Land der Erscheinu
er erblicken wir Gott, wie er ist, wie er war, wi
iehe, den Seligen ohne Verhüllung, ohne die Däm

 Von der CD hörst du viermal zwei Verse aus dem Nibelungenlied (auf Mittelhochdeutsch – dem Deutsch des 11. Jahrhunderts). Welche Verse stammen aus welcher Szene (eine Szene ist nicht dabei)?

Szene   **Verse**

1. Siegfried badet im Blut des Drachen
2. Siegfried hilft Gunther, will aber Kriemhild dafür
3. Hagen meint, Giselher soll sich eine Frau nehmen
4. Nach dem Kampf werfen die Burgunder die toten Hunnen aus dem Saal
5. Rüdiger will nicht gegen Giselher kämpfen

Brünhild und Hagen (von Arthur Rackham)

KAPITEL 11

Mord

"In ein paar Tagen bin ich wieder hier, Liebste", sagt Siegfried am nächsten Morgen zu Kriemhild. „Habt keine Angst. Wir gehen nur jagen."

Sie weint.

„Ach Siegfried, geht nicht, ich bitte Euch. Ich habe die ganze Nacht böse Träume gehabt. Im Traum habe ich zwei Wildschweine gesehen. Die liefen durch den Wald, und alles war rot, blutrot. Ich habe Angst. Die anderen, Siegfried, haben uns nicht verziehen [1]. Bleibt zu Hause."

„Du meinst, sie hassen uns? Das kann nicht sein, Kriemhild. Freunde sind wir seit langer Zeit."

„Dann hatte ich noch einen Traum. Zwei Berge habe ich gesehen, die auf Euch stürzten. Reitet nicht, Siegfried!"

„Das sind nur Träume", sagt er. Er umarmt seine schöne Frau noch einmal. Dann geht er.

Diener sind schon früh vorausgeritten und haben auf dem Lagerplatz Zelte aufgebaut. Für die Jäger ist alles bereit. Als sie im Lager ankommen, kann die Jagd sofort beginnen.

---

1. **verzeihen** : dramatische Variante von „entschuldigen".

Mord

Jeder Ritter, nur seine Jagdhelfer und Hunde bei sich, jagt für sich allein.

Siegfried ist schnell mit den Waffen. Er tötet ein Tier nach dem anderen.

Mit dem Speer trifft er ein großes Wildschwein, einen Löwen [1] mit der Lanze. Immer mehr Wild müssen die Helfer auf die Pferde packen.

„Halt, Siegfried, ich bitte Euch, lasst uns ein paar Tiere für die nächste Jagd!" ruft einer von ihnen.

Alle lachen.

Dann reitet man ins Lager zurück, Essenszeit.

Das Essen ist wie immer sehr gut, aber – der Wein fehlt, es gibt nichts zu trinken.

„Ich glaube, ich habe die Diener mit dem Wein in den falschen Wald geschickt", sagt Hagen entschuldigend. „Das nächste Mal …"

„Das nächste Mal interessiert uns im Moment wenig, Hagen. Wir haben nichts zu trinken! Der Rhein ist weit!" sagt Siegfried böse.

„In der Nähe gibt es frisches Quellwasser [2]", weiß Hagen.

„Gehen wir zusammen", schlägt Gunther vor.

---

1. **r Löwe(n)** : großes, gelbes Tier, das in Afrika lebt.
2. **s Quellwasser** : Wasser, das frisch aus der Erde kommt.

Die Nibelungen

An der Quelle lässt Siegfried erst König Gunther trinken. Er stellt seine Waffen an einen Baum. Dann kniet sich Siegfried an der Quelle hin.

Schnell nimmt Hagen die Waffen und trägt sie weg.

Nur den Schild und den Speer lässt er stehen.

Schnell kommt er zurück. Siegfried trinkt noch.

Hagen nimmt den Speer und stößt [1] ihn, durch das kleine schwarze Kreuz auf Siegfrieds Gewand, direkt in Siegfrieds Herz.

Blut spritzt [2] an Hagens Hemd.

Siegfried springt auf, den Speer im Herzen, und sucht sein Schwert. Aber am Baume steht nur noch sein Schild. Er nimmt den Schild und schlägt damit auf Hagen ein.

1. **stoßen** : mit Energie plötzlich drücken.
2. **spritzen** : fällt ein Stein ins Wasser, spritzt das Wasser hoch.

Mord

Es ist zu spät, er wird schon schwächer.

Siegfried wird ganz weiß, er wankt. Dann fällt er zu Boden.

„Ihr Mörder!" sagt er noch. „So lohnt Ihr meine Treue? Schande [1] über Euch und Eure ganze Familie."

Gunther weint.

1. **e Schande(-)** : Unehre.

Die Nibelungen

„Was weint Ihr jetzt, Gunther? Ihr habt doch meinen Tod gewollt. Nur um eins bitte ich Euch: schützt meine Frau."

Das Gras und alle Pflanzen sind schon rot vom Blut Siegfrieds.

Er spricht nicht mehr. Siegfried ist tot.

Als Kriemhild am nächsten Morgen in die Kirche gehen will, sagt ihr Diener: „Wartet einen Moment, Herrin. Vor der Tür liegt ein toter Ritter."

Sie weiß sofort: das ist ihr Siegfried, sie haben ihn ermordet!

Sie geht zur Tür, öffnet sie.

Alles ist voll Blut, aber sie sieht sofort: Es ist Siegfried, ihr geliebter Mann.

„Dein Schild", sagt sie, „ist nicht zerschlagen [1]. Keinen Kampf hat es hier gegeben. Von hinten bist du ermordet worden. Weiß ich erst sicher, wer das getan hat, muss der Mörder sterben!"

---

1. **zerschlagen** : kaputt schlagen.

KAPITEL 12

Das Gold der Nibelungen

Abends stehen die tausend Ritter Siegfrieds vor dem Palast, bewaffnet.

„Rache wollen wir für unseren edlen König!" rufen sie.

Aber sie wissen nicht, mit wem sie kämpfen sollen. Mit Gunther und seinen Rittern? Mit Hagen? Oder sind die Mörder wirklich andere, die hier niemand kennt, wie Hagen erzählt?

Kriemhild geht zu Siegmund.

„Gunther ist stärker als Ihr mit Euren Männern! Fangt keinen Kampf in seiner Burg an! Die Zeit der Rache wird kommen. Unser edler Siegfried muss erst begraben[1] werden."

Siegmund und die Ritter legen die Waffen weg.

Jetzt denken alle an das Begräbnis.

Aus Gold und Silber wird der Sarg[2] gebaut.

Am frühen Morgen bringt man ihn in den Dom.

Man singt die Totenmesse.

Gunther und Hagen gehen zu Kriemhild, die am Sarg steht.

---

1. **begraben** : einen Toten unter die Erde bringen.
2. **r Sarg(¨-e)** : in den Sarg legt man den Toten.

Die Nibelungen

„Ich kann dir gar nicht sagen, wie traurig ich bin, liebe Schwester", sagt Gunther.

„Erst lasst Ihr ihn ermorden", antwortet Kriemhild, „dann weint Ihr!"

„Was sagst du da?" fragt Gunther.

„Seht her! Die Wunde des Toten fängt wieder an zu bluten, weil Ihr und Hagen in die Nähe gekommen seid. Gott zeigt uns die Mörder!"

Alle können es jetzt sehen: seit Hagen und Gunther neben dem Sarg stehen, blutet Siegfried wieder.

„Nein", ruft Gunther aus. „Hagen hat es nicht getan. Ich sage dir, es waren Räuber [1]!"

„Die Räuber kenne ich", antwortet Kriemhild.

Siegfrieds Ritter werden unruhig.

Da kommen auch Gernot und Giselher in die Kirche.

Beide weinen.

„Euch kann ich es glauben", sagt Kriemhild zu ihnen.

Die Messe geht weiter.

Am Tage nach dem Begräbnis will Siegfrieds Vater fort.

„Nichts kann uns in diesem schrecklichen Land mehr halten", sagt er.

Schnell ist alles gepackt. Die Pferde stehen vor dem Palast.

Nur Kriemhild ist noch nicht da. Sie ist in ihrem Zimmer.

Siegfrieds Vater geht zu ihr.

„Es geht nach Hause, Kriemhild!" sagt der alte König.

---

1. **r Räuber(=)** : Leute, die anderen Geld und Gold nehmen.

Das Gold der Nibelungen

„Ich komme nicht mit", sagt Kriemhild leise.

„Wie? Im Land der Mörder deines Mannes willst du bleiben? Ohne dich soll ich ins Nibelungenland zurückkehren, alt und allein?"

„Ihr seid nicht allein. Gunther, Siegfrieds und mein Sohn ist dort. Er braucht Euch. Ich bleibe bei meiner Familie. Im Nibelungenlande habe ich niemanden. Hier lebt meine Mutter, leben meine Brüder Gernot und Giselher. Sie haben mit dem Mord nichts zu tun."

Traurig verabschiedet [1] sich Siegfrieds Vater und geht zu seinen Leuten.

Gernot und Giselher sind gekommen.

„Wir alle weinen um Siegfried", sagt Gernot, „und hoffen den Mörder zu finden."

„Ich danke Euch", antwortet Siegfrieds Vater. „Aber nach allem weiß ich nicht mehr, was ich glauben soll. Eins ist sicher: ins Burgunderland kommen wir nie wieder zurück."

Doch unter Siegfrieds Leuten gibt es viele, die sagen: „Wenn wir den Namen des Mörders haben, kommen wir wieder!"

Dann reiten sie fort.

Brünhild steht oben an ihrem Fenster.

Neben dem Dom baut man ein großes Haus für Siegfrieds Witwe.

Oft kommt ihre Mutter, kommen Gernot und Giselher zu ihr.

---

1. **sich verabschieden** : auf Wiedersehen sagen.

Die Nibelungen

Mit Gunther und Hagen spricht sie nicht mehr.

„Es ist nicht gut", sagt eines Tages Hagen zu Gunther, „dass Eure Schwester uns hasst."

„Das sagt Ihr?"

„Ja", antwortet Hagen. „Denkt nur an das Nibelungengold! Seit sie Siegfried geheiratet hat, ist es Kriemhilds Schatz. Hasst sie uns nicht mehr, können wir das Gold holen!"

„Da habt Ihr Recht", sagt Gunther, „wir wollen es versuchen."

Er schickt Giselher und Gernot zu ihr.

„Zu lange weinst du schon um Siegfried, und dein Hass macht dich blind. Gunther ist unser Bruder, er hat Siegfried nicht ermordet", sagt Gernot.

„Das habe ich auch nie gesagt. Hagen ist der Mörder."

„Aber Gunther ...?" fragt Giselher.

„Er soll kommen, wenn er will."

Kurze Zeit später steht Gunther vor ihr.

Seine Schwester küsst ihn.

Dann sagt sie: „Kein Wort mehr von Rache, keinen Hass zwischen Bruder und Schwester."

Nach wenigen Tagen reiten Gernot und Giselher los.

Sie wollen das Gold der Nibelungen holen.

Achttausend Mann nehmen sie mit auf die Reise nach Norwegen, so groß ist der Schatz.

Wieder in Worms, tragen die Männer alles in Kriemhilds Haus.

Türme und Kammern füllen sie damit.

Armen und Reichen schenkt Kriemhild jetzt, was sie brauchen.

Ritter kommen jetzt ins Land, die dieser großzügigen Königin dienen wollen.

Hagen sieht, wie immer mehr Ritter ihr zu Diensten sind.

„Da müssen wir etwas tun", sagt er zu Gunther. „Sie hat so viele Ritter in ihrem Gefolge, dass sie uns gefährlich werden kann."

„Es ist ihr Schatz", meint Gunther, „was sie damit macht, ist ihre Sache."

Doch Hagen sieht das anders: „Eine Frau mit so viel Gold, das geht nicht gut. Wir müssen sofort etwas tun."

„Sie ist meine Schwester", sagt Gunther. „Vor kurzer Zeit erst hat sie mir verziehen. Soll ich da wieder etwas gegen sie tun?"

„Macht Euch keine Gedanken, ich tue schon, was getan werden muss."

Die Nibelungen

Am nächsten Tag, man weiß nicht wie und woher, hat Hagen alle Schlüssel zu den Schatzkammern. Kriemhild kann nicht mehr an ihr Gold.

„Mein lieber Bruder", bittet sie Gernot. „Schütze mich und mein Gold vor diesem Menschen!"

„Mein Wort gebe ich dir, liebe Kriemhild. Wenn wir wieder hier sind, will ich tun, was ich kann. Aber jetzt müssen wir ein paar Tage fort."

Mit seinen Brüdern und vielen anderen Rittern reitet König Gunther fort.

Nur Hagen bleibt.

Als die Brüder nach Worms zurückkommen, hat Hagen Kriemhild schon den Schatz genommen.

Er hat ihn im Rhein versenkt [1], in der Nähe von Lochheim.

Hagen schwört den drei Königsbrüdern, Zeit ihres Lebens niemandem zu sagen, wo der Schatz ist.

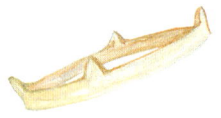

---

1. **versenken** : ins Wasser fallen lassen.

ÜBUNGEN

Leseverständnis

1 Was steht im Text, was nicht?

1. Kriemhild hat schlecht geträumt.
2. Siegfried glaubt, dass die anderen ihn hassen.
3. Alle Ritter jagen zusammen.
4. Beim Mittagessen fehlen die Getränke.
5. Siegfried geht mit Gunther und Hagen Wasser holen.
6. Gunther wollte nicht, dass Siegfried getötet wird.
7. Gunther geht zu Kriemhild und sagt ihr, dass Siegfried tot ist.
8. Kriemhild sieht sofort, dass Siegfried im Kampf gefallen ist.
9. Siegmund und Siegfrieds Ritter wollen kämpfen.
10. Kriemhild will im Moment nur an die Beerdigung denken.
11. Kriemhild will zurück nach Hause, zu ihrem Sohn.
12. Auch Brünhild weint um Siegfried.
13. Kriemhild will keinen Kontakt zu Hagen mehr haben.
14. Ihre Brüder holen das Nibelungengold und geben es Hagen.
15. Kriemhild bezahlt mit dem Gold viele Ritter und Hagen bekommt Angst.
16. Hagen gibt alles für sich aus.

2 Ergänze die Satzanfänge 1-5 mit den Elementen a-e:

1. ☐ Siegfried glaubt nicht an Kriemhilds Träume,
2. ☐ Kriemhild hat Angst,
3. ☐ Beim Mittagessen gibt es nichts zu trinken,
4. ☐ Gunther weint,
5. ☐ Kriemhild hat den Toten noch nicht gesehen,

ÜBUNGEN

a. denn Hagen weiß, wo er Siegfried treffen kann.
b. denn Hagen hat nichts bringen lassen.
c. aber sie weiß, dass es Siegfried ist.
d. aber er hat Hagen Siegfried ermorden lassen.
e. denn Gunther ist sein Freund.

Beantworte die Fragen

1. Warum muss Siegfried sterben?
2. Warum blutet in der Kirche Siegfrieds Wunde?
3. Warum will Kriemhild in Worms bleiben?
4. Warum versenkt Hagen den Nibelungenschatz im Rhein?

Und jetzt schreibst du selbst ...

3 **Du bist Journalist der Zeitung „Wormser Morgen".**

1. Schreibe einen kurzen Artikel über Siegfrieds Tod: „Tod bei der Jagd! Wer ist der Mörder?" (3-4 Sätze)
2. Ein Jahr später. Zeit für einen kurzen Artikel über „Die schöne Witwe von Worms". (Wer ist sie? Was macht sie? Hat sie einen Heiratskandidaten?) (3-4 Sätze)

ÜBUNGEN

Formprobleme

4 Rund um die Präposition

A. Welche Präposition fehlt?

1. Er wohnt .... Xanten.
2. Er lebt noch .... seinen Eltern.
3. Er interessiert sich noch nicht .... Frauen, sondern nur .... Pferde und sportliche Wettkämpfe.
4. Er kämpft .... seinem Schwert.
5. Er hat es .... den Nibelungen bekommen.
6. Eines Tages reitet er .... Worms.
7. Er will .... den Rittern in Worms kämpfen.
8. Er reitet den Fluss ....
9. Er hat keine Angst .... den Rittern in Worms.
10. Er bleibt .... ein Jahr dort.
11. .... einem Jahr gibt es Krieg.
12. Siegfried will .... die Dänen und Sachsen kämpfen.
13. Er kommt mit Lüdiger und Lüdegast .... Worms zurück.
14. Dort wartet Kriemhild .... Siegfried und Hagen.

B. Präposition oder Adverb?

auf, *unter*, *hinter*, *vor* sind Lokalpräpositionen
oben, *unten*, *hinten*, *vorne* sind Lokaladverbien.
Wo brauchen wir die einen, wo die anderen? Setze ein, was passt (es gibt oft mehr als eine Möglichkeit):

Beispiel: Er sitzt **auf** dem Pferd. → Er sitzt **oben**.

Unsere Burg steht .... auf einem Berg. .... am Berg liegt eine kleine Stadt. .... der Burg gibt es einen Palast. Er hat zwei Etagen. .... sind die Küche

und der Festsaal. .... sind die Zimmer für uns und
für die Gäste. .... dem Palast sind die Pferdeställe.
.... ist auch das Haus für das Personal.
.... dem Palast gibt es einen freien Platz.

> **C. Präposition und Pronomen!**
>
> Wollen wir ein Nomen nicht immer wiederholen, setzen wir ein Pronomen ein.
> Kommt eine Präposition zum Pronomen, setzen wir eine kombinierte Form ein.
> Bei Personen tun wir das nicht, nur bei Dingen, Aktivitäten ...

Beispiele: Da steht Siegfried. Neben Siegfried steht Hagen. →
Neben ihm steht Hagen.
Da steht ein Baum. Neben dem Baum steht Hagen. →
Daneben steht Hagen.
Da steht ein Baum. Auf dem Baum sitzt Hagen. →
Darauf sitzt Hagen.

Setze ein, was fehlt:

1. Er hat ein Schwert. .... (mit) kämpft er jetzt.
2. Siegfried reitet nach Dänemark. .... (mit) reist Hagen.
3. Sie tanzen zusammen. .... (bei) sprechen sie nicht.
4. Kommst du mit ins Theater? – .... (vor) muss ich aber noch mein Pferd holen lassen.
5. Ich habe den Drachen getötet. – .... (von) hat mir Hagen erzählt.
6. Kennst du Gunther? – .... (von) habe ich das Gold hier.
7. Jetzt trinken wir Wein zusammen. .... (nach) gehen wir zum Turnier.
8. Die Leute in unserem Land sind arm, aber .... (gegen) können wir nichts tun.

KAPITEL 13

Kriemhild heiratet wieder

Weit im Osten lebt Etzel, der König der Hunnen. Seine Frau ist gestorben. Er hat sie sehr geliebt. Aber sein Land ist groß und er braucht eine Königin an seiner Seite.

Er muss wieder eine Frau finden.

Immer wieder hört er von Kriemhild sprechen.

„Edel ist sie und schön", sagt man, „Euer Volk wird sie lieben. Sie ist die Witwe Siegfrieds, des Nibelungenkönigs."

„Aber Christin ist sie", sagt Etzel „und ich bin keiner! Sie kann mich nicht heiraten."

„Jedes Kind kennt Euren Namen, und Ihr seid König eines riesigen Reiches. So leicht sagt da keine Frau nein."

„Kennt vielleicht einer von euch diese Burgunder?"

Da kommt Rüdiger, Graf [1] von Bechelar, nach vorne. Er sagt:

„Ich kenne sie alle, seit wir Kinder waren. Sie stammen [2] aus einer sehr alten Familie von edlen Rittern. Und Kriemhild? Noch nie habe ich eine schönere Königin gesehen."

---

1. **r/e Graf(en)/Gräfin** : Aristokratentitel.
2. **stammen aus** : kommen aus (historisch gesehen).

Die Nibelungen

„Dann reitet zu ihr", erwidert Etzel. „Bittet sie in meinem Namen um ihre Hand. Aus meiner Schatzkammer lasst Euch alles geben, was Ihr für die Reise braucht. Auch Gewänder und Pferde."

„Ich danke Euch, König. Aber ich möchte auf die Reise nur mitnehmen, was mein ist."

Acht Tage später ist Rüdiger mit seinen Männern in Wien. Sie lassen sich Gewänder machen.

Zu Hause in Bechelar warten schon seine Frau Gotelind und ihre Tochter auf ihn.

Rüdiger sucht die Männer aus, die er mitnehmen will. Ihnen schenkt seine Frau teure Stoffe und Pelze.

Nach sieben Tagen reiten die Männer weiter.

Als sie in Worms ankommen, werden sie von Hagen begrüßt.

„Seid willkommen, Herr von Bechelaren und Ihr anderen Ritter."

Zusammen gehen sie zu Gunther in den Königssaal.

Auch Giselher und Gernot kommen dazu. Man trinkt Met und Wein.

„Wie geht es denn Eurem Herrn und seiner Frau?" fragt Gunther.

„Mein Herr lässt Euch sehr grüßen. Doch geht es ihm schlecht, und sein Volk ist ohne Freude, denn unsere Herrin ist tot."

„Der Tod Eurer Herrin trifft uns alle sehr", sagt Gernot. „Wir kannten sie als eine edle und gute Frau."

Kriemhild heiratet wieder

Rüdiger spricht weiter. „Noch immer trauert¹ mein Herr. Doch hat man ihm von Kriemhild erzählt, und wenn Ihr erlaubt, soll sie unsere Krone tragen."

„Ich will sie selbst fragen", antwortet Gunther, „und in drei Tagen sollt Ihr hören, was sie meint. Bis dahin, bitte ich Euch, seid unser Gast." Rüdiger und seine Ritter gehen.

„Es ist eine große Ehre für sie und für uns, wenn sie Etzel heiratet. Was meint ihr?" fragt Gunther seine Brüder und Hagen.

Hagen ist gegen die Heirat: „Heiratet sie Etzel, wird sie wieder gefährlich für uns. Ihr wisst, wie viele Ritter in Etzels Diensten stehen!"

„Etzels Land ist weit weg. Bleiben wir hier, kann sie sich schlecht an uns rächen", meint Gernot.

Dann rufen sie Kriemhild.

„Lasst Eure Scherze, ich bitte Euch", antwortet sie. „Er soll sich eine andere suchen, eine die ihn lieben kann."

„Sprich wenigstens mit dem Boten", sagt Gunther. „Es ist Graf Rüdiger aus Bechelar."
„Rüdiger? Gern, schickt ihn zu mir."

Freundlich begrüßt sie ihn.

„Graf Rüdiger", sagt sie dann „wisst Ihr nicht, dass man mir den Besten genommen hat, den eine Frau heiraten konnte?"

„Nur eins kann Euch helfen in Eurem Schmerz: die Liebe, edle Kriemhild. Herrin von zwölf Königreichen und dreißig

---

1. **trauern** : traurig sein, weil jemand tot ist.

Die Nibelungen

Ländern werdet Ihr sein."

„Seit dem Tod meines edlen Ritters ist mein Leben ohne Freude. Ich will nicht wieder heiraten", sagt sie ihm.

„Herrin, das ist nicht richtig. Eine so schöne Frau muss einen Mann glücklich machen."

Aber es hilft nichts.

Erst als ihr Rüdiger sein Wort gibt, sie jederzeit zu schützen, hört sie ihm wieder zu.

„Ihr schwört mir, mir zu dienen, treu zu helfen und mich zu rächen, wenn es sein muss?" fragt sie.

Rüdiger schwört.

„So finde ich doch noch die Freunde", denkt die treue Kriemhild, „die mich und meinen Siegfried rächen."

Auch ihre Brüder kommen jetzt ins Zimmer. „Sag ja, Schwester. Denk nicht mehr an deinen Schmerz!" sagen sie.

Am Ende sagt Kriemhild: „Ich folge Euch, Rüdiger, ins Land der Hunnen. Wisst auch, ich habe noch etwas Gold. Das nehme ich mit."

Hagen steht in der Tür.

„Das Gold bleibt hier", sagt er, „Ihr wollt es ja doch nur für Eure Rache ausgeben!"

Kriemhild bittet ihre Brüder um Hilfe. Doch sie tun nichts.

„Ihr braucht dieses Gold nicht mehr, Kriemhild. Ihr wisst nicht, wie reich Etzel ist. Und die Reise ist lang und gefährlich."

„Wenigstens das hier", sagt Kriemhild und zeigt auf einen kleinen Berg Gold auf dem Boden.

Kriemhild heiratet wieder

Es wird eingepackt. Eine große Summe schenkt sie dann noch der Kirche. Man soll für Siegfried beten.

Dann ist es Zeit.

„Wenn du mich brauchst, liebe Schwester", sagt Giselher beim Abschied, „komme ich sofort."

Sie küssen und umarmen sich.

Mit einem Gefolge von mehr als fünfhundert Rittern und mit einhundertvier schönen Mädchen reiten Kriemhild und Rüdiger über Passau und Bechelar nach Wien.

Nach vierzehn Tagen trifft Kriemhild die ersten Ritter Etzels.

Alle Sprachen hört sie da: Polnisch und Russisch, Dänisch und Griechisch. Ritter aus aller Welt stehen in Etzels Diensten.

Etzel selbst wartet vor der Stadt auf sie.

Als er sie kommen sieht, steigt er vom Pferd und geht auf Kriemhild zu.

„Sie ist wirklich so schön, wie man mir gesagt hat", denkt er. Um ihn herum stehen die wichtigsten Männer seines Reiches, Könige und Grafen. Sein Bruder ist dabei, auch Dietrich von Bern, ein schon älterer [1], aber starker und tapferer [2] Ritter.

Kriemhild küsst Etzel freundlich.

Man hat neben dem Turnierplatz eine Tribüne aufgebaut.

---

1. **schon älterer** : ein bisschen älter als die anderen (= alt).
2. **tapfer** : ohne Angst.

Die Nibelungen

Etzel sitzt neben ihr, ihre Hand in der seinen.

Beim Turnier treffen deutsche und hunnische Ritter aufeinander. Schilder brechen, Lanzen fliegen. So viele tapfere Ritter hat Kriemhild noch nie bei einem Turnier gesehen. Siegfried war sehr reich, aber niemand hat mehr Ritter in seinen Diensten als König Etzel.

Am nächsten Tag reiten sie nach Wien.

Kriemhild heiratet wieder

Dort heiraten sie. Das Fest dauert siebzehn Tage. Bei der Hochzeit gibt es für Gäste und Ritter Geschenke. Großzügig verschenken [1] Rüdiger und Dietrich von Bern teure Mäntel und Gold.

Kriemhild scheint wieder die alte geworden zu sein, verschenkt Gold und Gewänder. Aber oft denkt sie hier an ihre Hochzeit mit Siegfried und muss weinen. Die anderen sehen das nicht.

Am achtzehnten Morgen reiten sie aus Wien fort. Am nächsten Tag geht es auf Schiffen weiter.

Am Fluss warten schon Kriemhilds neue Mädchen auf sie. Zwölf von ihnen sind Königstöchter. Alle freuen sich, dass ihre neue, schöne Herrin angekommen ist. Bald hat Kriemhild kein Gold mehr, denn sie macht auch hier viele Geschenke. Aber jetzt ist sie die Königin des riesigen Hunnenlandes.

---

1. **verschenken** : anderen schenken.

ÜBUNGEN

Leseverständnis

1 **Was steht im Text, was nicht?**

1. Etzel ist Atheist.
2. Die Burgunder haben Etzels Frau gekannt.
3. Gunther will nicht, dass Kriemhild den Hunnen heiratet.
4. Hagen denkt, dass Kriemhild besser unverheiratet in Worms lebt.
5. Kriemhild will Etzel heiraten, weil sie gehört hat, dass er sehr reich ist.
6. Sie denkt, dass Rüdiger und Etzels Ritter Siegfrieds Tod rächen können.
7. Hagen will sie ihr Gold mitnehmen lassen.
8. Die Reise ins Hunnenland ist lang.
9. Etzels Ritter kommen aus vielen Ländern.
10. Etzel und Kriemhild heiraten in einer Kirche in Wien.
11. Kriemhild liebt Etzel und denkt nicht mehr an Siegfried.
12. Siegfried hatte weniger Ritter als Etzel.

Korrigiere die Sätze, die so nicht richtig sind!

2 **Ergänze die Satzanfänge 1-5 mit a-e:**

1. ☐ Sie empfängt Rüdiger,
2. ☐ Gunther sagt, Kriemhild soll heiraten,
3. ☐ Hagen will ihr das Gold nehmen,
4. ☐ Rüdiger sagt, sie braucht das Gold nicht,
5. ☐ Kriemhild braucht ihr Gold nicht mehr,

Ü B U N G E N

a. weil sie es gegen die Burgunder gebrauchen kann.
b. denn sie kennt ihn aus ihrer Kinderzeit.
c. weil es eine große Ehre für die Familie ist.
d. weil Etzel sehr reich ist.
e. denn sie und ihr Mann haben ein sehr großes Reich.

Beantworte die Fragen

1. Warum will Kriemhild Etzel erst nicht heiraten?
2. Was macht Kriemhild mit ihrem Gold?
3. Warum scheint Kriemhild am Hochzeitstag die alte?

Und jetzt schreibst du selbst ...

1. Du bist Spion am Hof Etzels und dein Chef will ein Dossier über Etzels Hof von dir. Er will wissen: Wie groß ist das Reich? Wie reich ist Etzel? Wer sind die wichtigen Leute am Hof?
2. Du bist Bischof von Worms und hörst, dass Kriemhild Etzel heiraten soll: einen Heiden [1]!
Schreibe eine Protestnote an König Gunther.

---

1. **r Heide/e Heidin** : kein/e Christ/in

ÜBUNGEN

Formprobleme

> **Nebensätze mit wenn**
>
> Wenn Ihr erlaubt, soll sie unsere Krone tragen.
>
> Die Konjunktion **wenn** steht hier am Anfang eines konditionalen Nebensatzes. Im Text gibt es aber oft auch „maskierte" konditionale Sätze, zum Beispiel:
>
> Heiratet sie Etzel, wird sie wieder gefährlich für uns. = Wenn sie Etzel heiratet, wird sie …

3 Forme die folgenden „maskierten" Konditionalsätze in „richtige" mit *wenn* um:

1. Kommt er wieder, schlage ich ihn.
2. Schlägst du ihn, erschlägt er dich.
3. Gibst du ihr das Gold, rächt sie sich an uns.
4. Hast du keine Zeit, komme ich später wieder.
5. Will er nicht kommen, dann lass ihn.

> Der konditionale Nebensatz ohne Konjunktion steht am Anfang. Mit **wenn** sind wir freier.
>
> Wenn er kommt, mache ich eine Flasche auf. ↔ Ich mache eine Flasche auf, wenn er kommt.

4 Forme noch einmal Konditionalsätze mit Konjunktion. Setze den Nebensatz einmal an den Anfang, einmal ans Ende:

1. Liest du dieses Buch, wirst du sicher intelligenter.
2. Kaufen Sie unser Bier, haben Sie keine Probleme mehr.
3. Lernst du täglich zehn Vokabeln, kannst du bald deutsche Zeitungen lesen.
4. Nimmt er seine Pillen, gehe ich aus dem Zimmer.
5. Hast du keine Lust mehr, dann mach etwas anderes!

Ü B U N G E N

> *Wenn* oder *als*?
>
> **Wenn** hat auch eine temporale Funktion. Beispiel:
> Wenn er sein neues Auto sieht, ist er glücklich. (= immer wenn)
> Wenn ich ankomme, rufe ich dich an. (= ich weiß schon, dass ich ankomme)
>
> In der Vergangenheit steht das temporale **wenn** nur bei Aktionen, die wiederholt worden sind (= immer wenn), sonst steht ein **als**.
>
> Beispiel: Als ich drei Jahre alt war, war ich noch blond.
> Wenn ich zur Schule ging, sah ich (immer) den Bäcker auf der Straße stehen.
>
> Komplikation: Wird etwas im Präsens erzählt, was in der Vergangenheit passiert ist (einmal), setze ich auch im Präsens ein **als**: Als Siegfried den Drachen tötet, ist er noch nicht achtzehn Jahre alt.

5 Was passt? Wenn oder als?

1. ………… er noch nicht verheiratet war, ging er samstags immer Fußball spielen.
2. ………… er samstags Fußball spielte, traf er viele Freunde.
3. ………… sie ihren Mann tötet, hat sie keine Angst.
4. ………… sie abends unter die Dusche ging, dachte sie nicht mehr an die Arbeit.
5. ………… er sie seiner Mutter vorstellen wollte, war ihre Geschichte zu Ende.

KAPITEL 14

Die Einladung

Nach sieben Jahren Ehe bekommt Kriemhild einen Sohn von Etzel. Etzel ist glücklich wie noch nie. Für Kriemhild ist vor allem eins wichtig: der Junge wird getauft [1].
Großzügig und beliebt wie sie ist, hat sie als Hunnenkönigin große Macht.

Oft denkt sie an Siegfried und an all das, was ihr Hagen und ihre Brüder genommen haben. Der Hass auf die Wormser lässt sie nicht los.

„Bekomme ich sie in meine Macht, kann ihnen niemand mehr helfen", denkt sie. „Aber ich kann nicht zu ihnen, sie müssen zu mir kommen!"

Eines Nachts, als er sie liebevoll umarmt, fragt sie ihren Mann: „Ihr wisst, dass ich oft traurig bin, weil meine Brüder mich nie hier besuchen. Können wir sie nicht einmal einladen?"

„Liebe Herrin", antwortet Etzel. „Ich will sie gern einladen,

---

1. **taufen** : in der Kirche mit Zeremonie einen Namen geben, zum Christen machen.

Die Einladung

Ihr wisst selbst, wie weit der Weg vom Rhein ist. Aber wenn Ihr wollt, schicke ich Boten zu ihnen."

Am nächsten Morgen ruft er zwei Ritter zu sich.

„Als Boten reitet ihr ins Burgunderland. Gewänder bekommt ihr von mir, auch gebe ich euch vierundzwanzig Ritter als Begleitung mit. Gunther und seine Männer sollt ihr einladen. Sagt ihnen, Etzel lässt sie grüßen und bittet sie, zu seinem Sommerfest am Tag der Sonnenwende zu ihm zu kommen."

Auch Kriemhild lässt die beiden zu sich rufen. Davon weiß Etzel aber nichts.

„Auch ich gebe euch Gold und kostbare Gewänder, aber hört gut zu: Sagt Giselher und Gernot, ich liebe sie sehr. Sie sollen keine Angst haben. Wenn Hagen nicht mitkommen will, müsst ihr fragen, wer sie ins Hunnenland führen soll, das nur er gut kennt."

Warum sie sie um all dies bittet, das können die beiden Männer nicht wissen. Als sie prächtige Gewänder und Gold für die Reise bekommen haben, reisen sie ab.

Nach zwölf Tagen kommen die beiden Boten in Worms an.

Hagen begrüßt sie als erster: „Wie geht es Etzel, Eurem edlen König?"

„Nie ist es ihm, nie ist es unserem Lande besser gegangen."

„Willkommen", sagt auch Gunther.

„Unser König und Eure Schwester Kriemhild lassen Euch sehr grüßen. In Glück und Ehre leben sie, regieren unser Hunnenland. Kriemhild bittet Euch, denkt an die Liebe und

Die Nibelungen

Treue, die Ihr Eurer Schwester immer geschenkt habt. Sie möchte Euch gern wiedersehen. Seit dreizehn Jahren lebt Kriemhild dort, in diesem Jahr bittet Euch Etzel um Euren Besuch. Er lädt Euch zu seinem Sommerfest am Tage der Sonnenwende ein."

„Lasst uns sieben Tage", antwortet Gunther. „Dann bekommt Ihr unsere Antwort. Ihr seid unsere Gäste, ruht Euch aus."

„Natürlich bleiben wir hier", sagt Hagen zu Gunther. „Ihr wisst, was wir getan haben. Kriemhild will sich an uns rächen, das ist doch klar!"

„Es ist für Euch sicher besser, wenn Ihr hier bleibt, Hagen. Aber mir hat Kriemhild verziehen", sagt Gunther. „Wir anderen brauchen keine Angst zu haben."

„Ihr kennt Kriemhild und glaubt, sie denkt nicht mehr an Rache? Ehre und Leben kann Euch diese Reise kosten!"

Auch Giselher will die Einladung annehmen: „Hagen, bleibt Ihr zu Hause. Wir reisen."

Da springt Hagen auf: „Ich soll zu Hause bleiben? Und wer führt Euch in das Hunnenland? Wenn Ihr denn reisen müsst, komme ich mit. Ich habe keine Angst. Aber ruft Eure Ritter zusammen. Unter diesen wähle ich die tausend besten Ritter aus [1]. Dann sind wir vor Kriemhild sicher. Zweitens: Lasst die

---

1. **auswählen** : eine Selektion treffen.

Die Einladung

Boten so spät wie möglich zurückreiten. Dann hat Kriemhild keine Zeit mehr, Böses gegen uns vorzubereiten."

Erst als Hagen die tausend Ritter zusammen hat, lässt Gernot die Boten rufen.

„Wir nehmen die Einladung Eures Herrn gern an. Sagt ihm das."

Als die Boten fort sind, sind auch die Wormser schon zur Reise bereit. Hagen kommt mit und auch Dankwart, sein Bruder.

„Reitet nicht", bittet die Mutter der drei Königsbrüder sie am Morgen der Reise.

„Ich habe heute Nacht geträumt, alle Vögel in unserem Lande liegen tot auf der Erde. Das nimmt kein gutes Ende."

„Träume!" sagt Hagen, „für einen Mann ist nur eins wichtig: die Ehre."

KAPITEL 15

Reise ins Hunnenland

Sie brauchen zwölf Tage, bis sie an die Donau kommen.

Es gibt Hochwasser. Kein Schiff ist zu sehen.

„Ich will den Fährmann [1] suchen", sagt Hagen und geht zu Fuß den Fluss entlang.

Da sieht er Frauen, die im Fluss schwimmen.

Es sind Nixen [2].

„Hagen", sagen sie, „Ihr reist zu Etzel. Wisst, dass nur einer von Euch nach Hause zurückkommen wird."

„Wer?"

„Euer Kaplan [3]", antworten sie. „Aber wenn Ihr weiterreisen wollt, braucht Ihr einen Fährmann. Seid freundlich zu ihm und bezahlt ihn gut, dann hilft er Euch vielleicht."

Hagen dankt den Nixen und geht am Ufer weiter, bis er den Fährmann sieht.

---

1. **r Fährmann** : Mann, der andere über den Fluss bringt.
2. **e Nixe** : 50% Frau, 50% Fisch.
3. **r Kaplan** : Priester.

Reise ins Hunnenland

„Guter Mann, setzt mich bitte über! Ich will Euch gut bezahlen!"

Hagen hält einen goldenen Armring hoch.

„Ihr bleibt, wo Ihr seid! Mein Herr will nicht, dass ich Fremde in unser Land übersetze," antwortet der Fährmann.

Aber Hagen steht schon mit einem Fuß auf dem Schiff.

Da nimmt der Fährmann sein großes Ruder und schlägt auf Hagen ein.

Das ist zu viel für Hagen. Er nimmt sein Schwert und schlägt zurück.

Der Kopf des Fährmanns fliegt ins Wasser.

Hagen springt auf das Schiff und rudert [1] mit aller Kraft, bis er seine Freunde am Ufer stehen sieht.

„Kommt aufs Schiff!" ruft Hagen.

Gunther sieht das Blut auf dem Schiff.

„Kein Fährmann, Hagen? Habt Ihr ...?"

„Nein, nein", antwortet Hagen. „Niemand war auf dem Schiff."

Dann setzt er die erste Gruppe über.

Der Kaplan ist auch da.

Hagen sieht ihn, packt ihn, hebt ihn hoch.

„Hilfe!" ruft der Priester, dann fliegt er ins Wasser.

Er versucht, wieder auf das Schiff zu kommen.

„Helft mir", ruft er, „ich kann nicht schwimmen!"

Aber Hagen gibt ihm einen Schlag auf den Kopf.

---

1. **rudern** : mit einem Ruder (langes Instrument aus Holz) transportieren.

Die Nibelungen

Er hat keine Wahl [1], muss versuchen, an Land zu kommen.

„Mit Gottes Hilfe geht es schon!" ruft ihm Hagen nach.

Der Priester kommt wirklich lebend ans Ufer.

„Hagen! Warum habt Ihr das getan?" fragt Gunther.

„Das war nur ein Test. Ich erkläre es Euch später, mein Herr."

Tausend Ritter muss Hagen in kleinen Gruppen ans andere Ufer bringen. Der Tag ist lang für Hagen.

Erst als alle am anderen Ufer stehen, erzählt Hagen den Männern, was ihm die Nixen gesagt haben.

---

1. **e Wahl(en)** : (hier) Alternative.

„Ihr habt es gesehen", schließt er: „Die Nixen hatten Recht, der Kaplan ist nicht totzukriegen [1]."

Die Ritter hören zu.

„Sterben sollen wir im Hunnenland?" fragen sie.

„Denkt nicht so viel!" ruft Hagen. „Wir müssen weiter! Wir sind im Bayernland! Die Bayern mögen keine Besucher!"

Sie reiten die ganze Nacht. Immer wieder fragt Gunther: „Wo sollen wir das Lager aufbauen?"

Und immer antwortet Hagen: „Noch nicht, Herr, wir müssen weiter!"

Endlich kommen sie nach Bechelar.

Rüdiger hat schon auf sie gewartet.

Er reitet den Burgundern entgegen.

1. **totkriegen** : „tot machen".

Die Nibelungen

Als er mit ihnen zusammen zu seiner Burg zurückkommt, stehen seine Frau und seine Tochter vor dem Tor.

„Endlich eine schöne Frau", sagen die Ritter, als sie Gotelind sehen.

Nur ihre Tochter ist noch schöner als sie.

Beim Essen sehen alle nur sie an.

Hagen sagt zu Rüdiger: „Ein schönes Töchterlein habt Ihr da."

„Sagt mal", fragt er laut: „Wollte Giselher nicht heiraten?"

Giselher wird rot. Er sieht das Mädchen schon den ganzen Abend an.

Schnell ist alles geklärt: Land und Burgen bekommt sie von Giselher, Giselher bekommt Gold von Rüdiger.

Zusammen mit Giselher stellt sich das Mädchen in den Kreis der Ritter.

„Willst du Giselher heiraten?" fragt man sie.

Sie wird rot.

„Sag ja, mein Kind", ruft ihr Vater ihr zu.

„Ja", sagt sie, und Giselher umarmt sie.

Sie sind jetzt Mann und Frau, aber die erste Nacht ...

„Wenn Ihr zurückkommt, gebe ich sie Euch mit nach Worms", sagt ihr Vater.

Die Burgunder können nicht lange bleiben.

Etzel lässt man nicht warten.

Rüdiger begleitet sie mit fünfhundert Rittern zur Burg seines Herrn.

ÜBUNGEN

Leseverständnis

1 Was steht im Text, was nicht?

1. Kriemhilds und Etzels Sohn ist ein Christ.
2. Sie hasst die Burgunder noch immer.
3. Etzel will diese Leute nicht sehen.
4. Kriemhild will, dass Hagen auch kommt.
5. Gunther antwortet sofort.
6. Hagen kommt nicht mit, weil er Angst hat.
7. Hagen will nicht ohne Schutz reisen.
8. Gunthers Mutter meint, sie sollen nicht reisen.
9. Sie können nicht ohne Hilfe über die Donau.
10. Hagen glaubt sofort, was ihm die Nixen erzählen.
11. Hagen tötet den Fährmann.
12. Hagen wirft den Kaplan ins Wasser, weil es warm ist.
13. Hagen kämpft besser als Gelpfrat.
14. Gunther weiß immer, was Hagen macht.
15. In Bechelar will Hagen Rüdigers Tochter heiraten.
16. Rüdiger bleibt in Bechelar.

Korrigiere die Sätze, die so nicht richtig sind!

2 Ergänze die Satzanfänge 1-4 mit a-d:

1. ☐ Hagen tötet den Fährmann,
2. ☐ Hagen wirft den Kaplan ins Wasser,
3. ☐ Gunther sieht das Blut auf der Fähre und denkt,
4. ☐ Hagen will weiterreiten,

ÜBUNGEN

a. weil der ihn schlägt und nicht über den Fluss setzen möchte.
b. dass Hagen ihn ermordet hat.
c. weil er die Bayern nicht treffen will.
d. weil er testen möchte, was die Nixen ihm gesagt haben.

Beantworte die Fragen

1. Warum braucht Gunther sieben Tage Bedenkzeit?
2. Warum kommt Hagen mit auf die Reise?

Und jetzt schreibst du selbst ...

1. Du bist einer von Gunthers Rittern. In Bechelar angekommen, schreibst du deiner Frau einen Brief.
2. Wieder an Land, geht der Kaplan zu seinem Bischof. Der Bischof schreibt jetzt an den Papst: „Eure Heiligkeit! Hagen, der Ritter ..."

ÜBUNGEN

Wortschatzprobleme

3 **Wie heißt das Wort?**

einladen   locker lassen   treu   bestrafen
einkleiden   stoßen   e Quelle   r Sarg   verzeihen

1. Jemanden von Kopf bis Fuß neu ...
2. Er will nicht, aber sie ... nicht ...
3. Ich gebe ein Fest und möchte dich gern ...
4. Sie sind seit zwanzig Jahren verheiratet und immer ... gewesen.
5. Wo kommt das Wasser dieses Flusses her, wo ist die ...?
6. Nach dem Tod kommt man in die Urne oder ...
7. Entschuldigung, aber das Glas ist zu Boden gefallen, weil mich jemand ... hat.
8. Demolierst du noch einmal das Zimmer, muss ich dich ...
9. Ich wollte es nicht tun, kannst du mir noch einmal ...?

4 **Welches der beiden Wörter passt?**

1. Sie hat ihren Mann (erschlagen/zerschlagen).
2. Der Räuber will mir mein Geld (annehmen/abnehmen).
3. Fährst du nach Wien, musst du mir eine Sachertorte (mitbringen/mitnehmen).
4. Er ist zwei Wochen geblieben und erst Ende August (angereist/abgereist).
5. Die anderen sind langsam und er reitet schon (vor/weiter).
6. Gunther ist tot. Brünhild hat ihn (erdrückt/zerdrückt).

ÜBUNGEN

7. Die Banane essen wir nicht mehr. Brünhild hat sie (erdrückt/zerdrückt).
8. Wir müssen den toten Ritter (begraben/vergraben).
9. Sie will von Hagen keine Geschenke (annehmen/abnehmen).
10. Die (Anreise/Abreise) dauert zwei Tage und dann bleiben wir zehn Tage dort.

5 Welches Tier „macht" was? Ergänze die Tabelle:

r Löwe	r Drache	e Maus	s Pferd	r Vogel

Feuer spucken   brüllen   jagen   Käse fressen
Menschen fressen (= essen)   in Häusern wohnen
in Afrika wohnen   in Rudeln (= Gruppen) leben
singen   Insekten fressen   beim Arbeiten helfen
im Zoo leben   hysterisch werden   ein Symbol sein

KAPITEL 16

Eine kühle Begrüßung

Dietrich von Bern reitet ihnen entgegen.

„Ihr Herren aus Worms", begrüßt er sie, „Ihr seid mir willkommen. Aber Ihr wisst, dass Kriemhild immer noch um Siegfried weint?"

„Soll sie weinen", erwidert Hagen. „Tot ist tot."

„Sie wird sich an Euch rächen", meint Dietrich.

„Zurück können wir nicht, man hat uns eingeladen. Reiten wir zu Etzels Burg und sehen selbst", sagt Dankwart.

Als sie in der Burg ankommen, wartet Kriemhild schon auf sie.

Ihre Begrüßung ist kühl [1]. Sie küsst nur Giselher und nimmt ihn an der Hand.

„Oho", sagt Hagen, „hier werden nicht alle begrüßt!"

„Warum ich Euch nicht grüße, wisst Ihr selbst. Oder habt Ihr mir aus Worms etwas mitgebracht? Den Nibelungenschatz vielleicht?"

„Der liegt schon lange Zeit im Rhein, Königin. Da soll er bleiben."

---

1. **kühl** : kalt, frostig.

Die Nibelungen

„Nichts bringt Ihr mit. Das ist ein bisschen wenig, findet Ihr nicht?"

„Den Teufel bringe ich Euch! Meine Waffen trage ich bei mir. Sonst nichts!"

„Richtig, die Waffen! Im Königssaal werden keine Waffen getragen. Am besten gebt Ihr mir Eure Waffen."

„Wie eine Dienerin wollt Ihr unsere Waffen wegbringen? Zu viel der Ehre!"

„Ihr gebt mir Eure Waffen nicht? Habt Ihr Angst vor mir? Warum?"

Eine kühle Begrüßung

„Ich habe sie gewarnt, Königin!" ruft Dietrich von Bern.

Kriemhild sagt nichts. Sie sieht ihn kurz an, dann geht sie grußlos fort.

Hagen gibt Dietrich die Hand.

Etzel steht am Fenster und sieht die beiden Ritter.

„Ist das nicht Hagen?" fragt er seine Ritter.

„Als Kind hat er hier gelebt, mir auch ein paar Jahre gedient. Wie schön ihn wiederzusehen."

Hinter dem Palast sieht Dankwart die Leute Kriemhilds in Waffen.

Er setzt sich neben Hagen und sagt es ihm.

„Mein Blut will sie", erklärt ihm Hagen. „Seht, da kommen sie schon."

„Die Königin und ihre Ritter? Lass uns aufstehen!"

„Nein", sagt Hagen. „Dann denken sie, Hagen hat Angst vor ihnen."

Demonstrativ legt er sein Schwert über seine Beine. Es ist Balmung, Siegfrieds Schwert.

Kriemhild erkennt es sofort.

„Warum seid Ihr zu mir gekommen, Hagen? Siegfried habt Ihr ermordet, meinen geliebten Mann."

„Meine Herren sind hier, ich folge ihnen. Aber Ihr habt Recht. Ich bin Hagen, der Mann, der den starken Siegfried getötet hat. Ihr wisst auch, warum."

„Habt ihr gehört?" fragt Kriemhild ihre Ritter. „Und da wartet ihr noch?"

Die Nibelungen

Aber die Männer tun nichts, sie haben Angst.

Einer von ihnen hatte Hagen noch als Kind gekannt.

„Wir gehen wohl besser", sagt Hagen. Sie gehen zu ihren Königen.

Die Königsbrüder stehen vor dem Palast.

„Noch immer hier? Lasst uns zu Etzel gehen", meint Hagen. „Vielleicht ist der freundlicher."

Dietrich von Bern begleitet die Könige und ihre Ritter.

Etzel springt von seinem Stuhl. „Willkommen, Gernot und Gunther. Und willkommen sind uns hier auch alle Eure Ritter! Hagen, ich freue mich, nach so langer Zeit …"

Man trinkt Met und Wein, man erzählt viel.

„Ich habe mich oft gefragt, warum Ihr uns nicht besucht. Aber jetzt seid Ihr endlich hier."

Die Burgunder sind müde von der Reise und ziehen sich schon früh zurück.

Vor Etzels Palast stehen viele hunnische Ritter.

Sie versperren [1] den Wormsern den Weg.

„Was soll das?" fragen die.

„Wenn ihr einen Schlag auf den Kopf wollt, sagt es nur!" sagt Dankwart laut und sieht um sich.

„Kämpfen die Ritter hier in der Nacht?" fragt Hagen. „Kommt morgen früh wieder, wenn ihr etwas wollt!"

Die Hunnen machen ihnen Platz.

Die Burgunder gehen in den Saal, in dem sie schlafen sollen.

---

1. **versperren** : blockieren.

Eine kühle Begrüßung

„Schlafen möchte ich gern", sagt Giselher. „Aber ich möchte auch lebend wieder aufwachen [1]."

„Geht schlafen", sagt Hagen. „Ich halte Wache [2]."

„Ich auch." Es ist Dankwart.

Alle danken ihnen, sie sind wirklich sehr müde.

Im Saal schlafen bald alle.

Gegen Mitternacht sieht Dankwart etwas: da spiegelt [3] sich das Licht an einem, dann an mehreren Helmen. Er ruft Hagen zu sich.

„Lassen wir die anderen schlafen", sagt Hagen. „Wir warten hier, bis sie kommen."

Aber die hunnischen Ritter haben sie schon gesehen und gehen fort.

„Hallo!" ruft Dankwart ihnen nach. „Was geht Ihr da in Waffen spazieren, edle Ritter?"

Niemand antwortet.

„Die haben aber eine Angst!" sagt Dankwart. „Die wollten uns im Schlaf ermorden. Pfui!"

Nach der Frühmesse beginnt das Turnier.

Etzel und Kriemhild sitzen auf ihrer Tribüne.

---

1. **aufwachen** : wach werden, die Augen öffnen.
2. **Wache halten** : nicht schlafen, sondern alles kontrollieren.
3. **sich spiegeln** : reflektiert werden.

Die Nibelungen

Die Knappen [1] der Burgunder halten die Pferde schon bereit.

Sofort beginnen die Kämpfe.

Dietrich lässt seine Ritter nicht kämpfen.

„Nicht gegen die Burgunder", sagt er.

Auch Rüdiger zieht sich mit seinen Rittern zurück.

Aber dann kommen Tausende von Rittern, aus Thüringen, aus Dänemark, aus dem Hunnenland. Speere und Schilder gehen in Stücke, Ritter fallen vom Pferd.

Da sieht Dankwart einen besonders prächtig gekleideten hunnischen Ritter.

„Seht mal! Der Frauenheld [2] dort, der ist für mich."

Wieder fliegen Speere und Lanzen.

Kurz ist der Kampf. Dann fällt der Hunne vom Pferd. Er ist tot.

„Sie haben Nudung getötet! Rache!" hört man da die Hunnen rufen. Schon kommen immer mehr.

Sie wollen Dankwart töten.

Doch Etzel hat von oben alles gesehen.

„Der Burgunder hat unseren Ritter Nudung nicht mit Absicht [3] getötet. Tut ihm nichts, er ist unser Gast. Und jetzt bitte ich Euch zu Tisch."

Etzel führt die Gäste in den Festsaal.

Die Knappen essen in einem anderen Saal. Dankwart, Hagens Bruder, ist bei ihnen.

---

1. **r Knappe(n)** : Diener eines Ritters, Schildträger.
2. **r Frauenheld(en)** : Mann, der Frauen gefallen will, Casanova.
3. **e Absicht** : Intention.

KAPITEL 17

Ein blutiges Fest

 tzel und seine Gäste waschen sich die Hände. Das Essen beginnt noch nicht, denn Kriemhild lässt auf sich warten.
Sie steht noch vor der Tür und spricht mit Dietrich von Bern.

Sie bittet ihn um Hilfe.

„Eure Brüder ermorden?" fragt Dietrich. „Denkt an Eure Ehre, Kriemhild."

Er geht. Da kommt Etzels Bruder.

„Lieber Herr, könnt Ihr mir nicht helfen? Rächt mich, ich bitte Euch!"

„Liebe Kriemhild, sie sind Gäste Etzels!"

„Auch nicht für Silber und Gold? Nein? Ich habe gesehen, die Witwe von Nudung gefällt dir. Ein schönes Mädchen. Willst du sie haben? Ich gebe sie dir! Nudungs Land gebe ich dir auch. Nun?"

Er denkt an das Mädchen: „Gut. Geht jetzt in den Saal. Ihr sollt Hagen haben."

Er ruft seine Männer.

„Zu den Waffen! Es geht auf Leben und Tod!"

Die Nibelungen

Kriemhild geht in den Saal und setzt sich neben Etzel.

„Noch immer kein Streit!" denkt sie. „Ich muss etwas tun."

Sie lässt ihren Sohn Ortlieb rufen.

Etzel freut sich: „Seht Euch meinen Sohn an, den Sohn Eurer Schwester! Schön und stark wie er ist, wird er ein tapferer Ritter werden. Er wird Euer Freund sein."

Hagen antwortet: „Ein Ritter? Das glaube ich nicht! Und ich werde ihn sicher nicht besuchen!"

Etzel sieht ihn an. „Was habe ich ihm getan?" fragt er sich. „Warum sagt er das?"

Noch weiß er nichts.

Vor dem Palast stehen schon tausend Ritter seines Bruders. Aber sie gehen nicht in den Festsaal.

Ihr Herr führt sie zu einem anderen Saal, in dem Dankwart mit den Knappen sitzt.

„Willkommen", sagt Dankwart, „was führt Euch zu uns?"

„Du brauchst mich nicht zu grüßen, denn mein Kommen ist dein Ende. Dein Bruder hat Siegfried getötet. Für ihn musst du sterben."

„Wenn du kämpfen willst ..." sagt Dankwart, springt auf und schlägt mit dem Schwert zu – „bitte."

Der Kopf des anderen fällt ihm vor die Füße.

„Hoppla", sagt Dankwart. „Ein Geschenk für Nudungs Witwe!"

Jetzt gehen die anderen Hunnenritter mit Schwertern auf die Knappen los.

Die meisten der Knappen haben keine Schwerter.

Ein blutiges Fest

Mit Stühlen schlagen sie auf die Hunnen ein.

Aber es kommen immer mehr Ritter in den Saal.

Es sind zu viele. Am Ende lebt von den neuntausend Knappen keiner mehr.

Dankwart steht mitten im Saal. Die Freunde sind tot. Aber er kämpft weiter. Sein Gewand ist voll Blut, dem Blut der Hunnen. Langsam kämpft er sich zur Tür durch. Vor der Tür warten noch mehr Hunnen auf ihn. Er schlägt um sich.

Langsam kommt er vorwärts. Wo er gestanden hat, ist alles voll Blut.

Die Ritter im Festsaal wissen noch nichts.

Dankwart kommt herein.

„Sitzt Ihr gut, Bruder Hagen?" ruft er. „Unsere Knappen sind tot. Alle!"

„Wer hat das getan?" fragt Hagen.

„Des Königs Bruder war's. Jetzt ist er einen Kopf kürzer."

„Macht nichts", antwortet Hagen. „Aber was seid Ihr so rot? Hat Euch jemand verwundet? Dem werde ich helfen!"

„Mein Blut ist das nicht."

„So macht denn die Tür zu, und lasst keinen aus dem Saal!"

Die Hunnen werden unruhig.

„Unser kleines Fest will Euch nicht gefallen? Lasst uns zusammen Wein trinken. Der Sohn des Königs soll der erste sein."

Mit diesen Worten nimmt Hagen sein Schwert und schlägt Etzels Sohn den Kopf ab.

Der Kopf fliegt auf den Tisch und bleibt vor Kriemhild liegen.

Die Nibelungen

Der Kampf beginnt.

Mehr und mehr hunnische Ritter fallen, zu Tode getroffen, zu Boden.

Auch König Etzel bekommt Angst. Kriemhild weint.

„Lieber Herr, helft mir!" bittet sie den treuen Dietrich von Bern.

Dietrich springt auf einen Tisch und ruft Gunther.

„Mit Eurem Frieden möchte ich aus dem Haus gehen, mit allen meinen Rittern. Macht für uns die Tür auf. Ich werde es Euch danken."

„Gut", antwortet Gunther. „Geht und nehmt mit, wen Ihr wollt."

Dietrich legt einen Arm um die Königin, den anderen um den König und geht zur Tür. Seine sechshundert Ritter folgen ihm.

Auch Rüdiger von Bechelar darf mit seinen Leuten aus dem Saal gehen.

Hinter Dietrich versucht auch ein Hunnenritter, durch die Tür zu kommen.

Aber Dankwart ist schneller. Wieder fliegt ein Kopf.

Keiner der Hunnen lebt mehr, als die Wormser ihre Schwerter aus der Hand legen.

Sie setzen sich.

„Was sitzt Ihr da?" ruft Giselher. „Tut was. Hier liegen so viele tote Hunnen herum. Man kann ja nicht mehr gehen. Aus dem Saal mit ihnen!"

Man macht alle Fenster auf und wirft einen Hunnen nach dem anderen hinaus.

Ein blutiges Fest

Etzel, Kriemhild und ihre Männer stehen vor dem Haus und müssen zusehen, wie siebentausend ihrer Ritter durch Tür und Fenster nach draußen geworfen werden.

„Da ist ja Etzel!" hören sie Hagen rufen. „Du willst Siegfried rächen, wie? Er hat vor deiner Zeit bei Kriemhild gelegen. Das sind Familienbande!"

Etzel will mit ihm kämpfen.

„Geht nicht, mein Herr", sagt Kriemhild. „Hagen wird Euch töten."

Seine Ritter halten ihn, lassen ihn nicht gehen.

„Ihr Ritter! Wer bringt seiner Königin Hagens Kopf?" fragt Kriemhild.

Die Dänen wollen es versuchen.

Dankwart hört sie kommen und öffnet die Saaltür.

Tausendundfünf dänische Ritter stürmen [1] in den Saal.

Hinter der Tür warten die Burgunder auf sie.

Kein Däne kommt lebend heraus.

Dankwart geht vor die Tür.

„Noch jemand?" ruft er.

Etzel sieht er, und Frauen und Mädchen, die um ihre Männer weinen.

Doch dieser Sommertag ist lang.

Zwanzigtausend hunnische Ritter hat Etzel noch rufen können.

Sie kommen am frühen Abend, man kämpft bis in die Nacht.

---

1. **(etw.) stürmen** : schnell (in etw. hinein) laufen.

Die Nibelungen

Dann gehen Giselher und Gernot vor die Tür.

Kriemhild sieht sie. „Hört, Burgunder!" ruft sie: „Gebt Ihr mir Hagen, könnt Ihr nach Hause!"

„Lieber sterben wir!" antworten Gernot und Giselher.

„Sterben, das sollt Ihr!" sagt Kriemhild, und ruft ein paar Ritter zu sich.

„Legt Feuer. An allen Seiten des Hauses."

Es ist windig. Bald steht das ganze Haus in Flammen [1].

Schon fallen brennende [2] Holzstücke auf die Ritter herunter.

„Stellt Euch an die Wand, da trifft es Euch nicht!" sagt Hagen.

Sie tun das. Aber der Rauch und die Hitze, das ist zu viel.

„Nichts mehr zu trinken da, Hagen, und es ist so heiß!"

„Dann trinkt das Blut der Toten! Ihr werdet sehen, das hilft!"

Einer kniet sich neben einen toten Ritter und trinkt Blut aus einer offenen Wunde.

„Du hast Recht! So gut hat mir noch kein Wein geschmeckt!"

Jetzt trinken alle.

---

1. **e Flamme(n)** : was man vom Feuer sieht.
2. **brennen** : in Flammen stehen.

ÜBUNGEN

Leseverständnis

1 **Was steht im Text, was nicht?**

1. Dietrich von Bern ist nicht freundlich zu den Burgundern.
2. Kriemhild ist zu allen freundlich, nur zu Giselher nicht.
3. Hagen will seine Waffen nicht abgeben.
4. Etzel kennt Hagen.
5. Hagen will vor der Königin aufstehen.
6. Hagen sagt hier zum ersten Mal zu Kriemhild, dass er Siegfried ermordet hat.
7. Etzel empfängt die Gäste sehr freundlich.
8. Nachts kommen hunnische Ritter.
9. Beim Turnier gibt es Streit, weil ein Hunne getötet wird.
10. Kriemhild will, dass Dietrich von Bern ihre Brüder und Hagen ermordet.
11. Dann versucht sie Etzel zu bestechen.
12. Etzels Bruder geht zu Dankwart, weil er ihm Guten Tag sagen möchte.
13. Alle Burgunder Knappen werden getötet.
14. Etzel ist von den Kämpfen informiert.
15. Hagen gibt Etzels Sohn Wein zu trinken.
16. Dietrich und Rüdiger dürfen aus dem Saal gehen.
17. Dietrich nimmt Kriemhild und Etzels Sohn mit.
18. Hagen provoziert Etzel.
19. Die Burgunder tragen die toten Hunnen aus dem Saal.
20. Mehr als einundzwanzigtausend Ritter Etzels kämpfen an diesem Tag.
21. Nachts lässt Kriemhild Feuer legen.
22. Es wird warm im Saal und die Wormser trinken etwas.

Korrigiere die Sätze, die so nicht richtig sind!

Ü B U N G E N

2 Ergänze die Satzanfänge 1-7 mit a-g:

1. ☐ Hagen gibt Dietrich die Hand,
2. ☐ Kriemhild will,
3. ☐ Kriemhild bittet Etzels Bruder,
4. ☐ Dankwart kommt in den Saal und Hagen sieht,
5. ☐ Gunther lässt Dietrich und Rüdiger gehen,
6. ☐ Kriemhild will nur Hagen, sagt sie,
7. ☐ Es ist zu heiß für die Wormser Ritter,

a. weil Dietrich ihn gewarnt hat.
b. sie für ein schönes Mädchen zu rächen.
c. dass er jetzt kämpfen muss.
d. aber dann trinken sie das Blut der Toten und es geht ihnen besser.
e. weil sie Etzels Ritter, aber auch seine Freunde sind.
f. dass ihre Ritter mit Hagen kämpfen, aber sie haben Angst.
g. aber ihre Brüder geben ihn ihr nicht.

Beantworte die Fragen

1. Was sehen die Burgunder schon bei der Begrüßung?
2. Warum legt Hagen sich Siegfrieds Schwert über die Beine?
3. Warum gehen die hunnischen Ritter, die Dankwart nachts sieht, wieder weg?
4. Warum können die Hunnen alle Knappen Dankwarts töten?
5. Warum lässt Kriemhild Etzel nicht mit Hagen kämpfen?

Zur Musikgeschichte

Richard Wagner hat aus dem Stoff des Nibelungenepos eine Oper gemacht. Im Zyklus „Der Ring der Nibelungen" trägt die Oper des zweiten Tages (es sind drei) den Namen: Siegfried. Aber aus dem Epos finden wir dort nur Elemente wieder. Diese werden mit den Göttersagen zu einer größeren Handlung verbunden (Wotan und Walküren). **Zu welcher Szene aus unserer Geschichte passt das Bild unten? Zu welcher Szene aus Wagners Oper passt es (siehe nächste Seite)? Wie findest du es? Warum?**

Richard Wagner

1 **Die Handlung des „Siegfried" ist, kurz gesagt:**

1. Siegfried ist Siegmunds und Sieghildes (Geschwister!) Sohn, aber
2. er weiß nicht, wer seine Eltern sind und woher er kommt, sondern
3. lebt bei einem Zwerg namens Mime in einem Wald, wo er keinen Menschen trifft.
4. Mime ist ein Schmied, kann ihm aber das zerstückelte Schwert Siegmunds nicht neu schmieden.
5. Das macht Siegfried selbst.
6. Mit dem Schwert tötet er den Drachen (in Wirklichkeit ein Riese),
7. leckt etwas von dem Drachenblut und
8. versteht die Sprache der Vögel im Walde.
9. Die Vögel zeigen ihm den Weg zum Nibelungenschatz und zu Brünhild, aber erst erschlägt er noch Mime.
10. Er findet Brünhild. Sie liegt vor einem Berg an einem Baum. Erst glaubt er, da liegt ein Pferd, dann sieht er, dass sie einen Panzer trägt: ein Mann, denkt er.
11. Er zieht ihr den Panzer aus und sieht: es ist kein Mann. Da glaubt er, es ist seine Mutter.
12. Brünhild erwacht, erklärt ihm, dass sie nicht seine Mutter ist.
13. Große Liebe usw.

Welche Elemente der Oper kennst du aus unserer Geschichte? (nenne drei Elemente).
Was ist anders als in unserer Geschichte? (nenne fünf Elemente).
Was für ein Mann ist Siegfried in der Oper?
Ist er in unserer Version anders?

Welche Szene unserer Version der Nibelungen siehst du hier rechts?

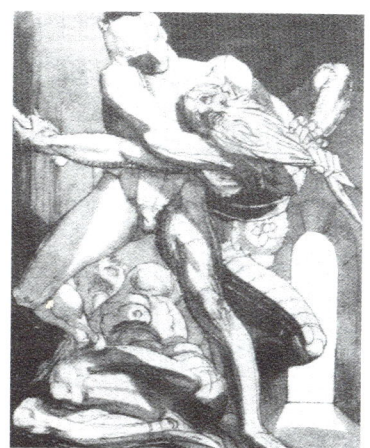

🎧 Welche Musik passt zu welcher Szene?
Du hörst jetzt vier kurze Musikstücke. Drei sind aus Wagners Werk „Ring der Nibelungen", eins nicht.
Zu welchen Szenen passt die Musik, passen die Geräusche?

Szene	**Musikstück**
1. Der Kampf mit dem Drachen	
2. Siegfried folgt dem Gesang der Vögel	
3. Siegfried trifft Brünhild	
4. Begräbnis	

KAPITEL 18

Der letzte Tag

 Am Morgen sehen Etzels Männer, dass die Ritter noch nicht tot sind.

„Sie müssen todmüde sein", denkt Etzel. Noch einmal schickt er zwölfhundert Mann.

Es sind seine besten Ritter. Einer nach dem anderen fällt unter den Schlägen der Burgunder.

„Wo soll das enden?" fragt sich Etzel.

Da sieht Kriemhild Graf Rüdiger. Er weint.

„Was weint Ihr wie ein altes Weib [1], Rüdiger? Warum kämpft Ihr nicht?"

„Herrin, die Burgunder sind meine Freunde."

„Ehre und Leben wolltet Ihr für Etzel geben. Das habt Ihr geschworen! Land und Burgen habt Ihr von Etzel bekommen."

„Herrin, Giselher habe ich meine Tochter gegeben. Was soll ich meiner Tochter sagen? Ich bitte Euch, nehmt mir alles, Land, Gold, Burgen, auch das Leben, aber ..."

„Kämpft!"

Rüdiger ruft seine Leute.

Hagen und Gunther sehen ihn kommen.

Der letzte Tag

„Ein Freund!" rufen sie.

„Nein, ein Ritter Etzels!" antwortet Rüdiger.

Die Burgunder können es nicht glauben.

Giselher weint.

„Eure Frau hat mir einen Schild geschenkt", ruft Hagen. „Er ist im Kampf in Stücke gegangen."

„Nehmt meinen Schild", antwortet Rüdiger, und wirft ihn ihm zu.

Dann hebt er sein Schwert und stürmt mit seinen Rittern den Saal.

Hagen und Dankwart gehen ihm aus dem Weg.

Rüdiger kämpft gut. Er tötet erst einen, dann immer mehr Burgunderritter.

Gernot kämpft gegen ihn. Rüdiger trifft ihn am Kopf.

Mit letzter Kraft hebt Gernot noch einmal sein Schwert. Er trifft Rüdiger. Dann fällt er tot um. Zu Tode getroffen fällt auch Rüdiger.

Vor dem Saal warten Etzel und Kriemhild.

Dankwart öffnet die Saaltür. Er hält den toten Rüdiger im Arm.

Das ist für Etzel zu viel. Er weint nicht, er schreit [1] jetzt wie ein Tier.

Dietrich von Bern hört Etzels Schrei.

„Mein Gott", fragt er, „was ist das?" So einen Schrei hat er in seinem Leben noch nicht gehört.

Einer seiner Ritter kommt zu ihm. Er weint.

---

1. **schreit**: „aaaaaaa!" (laut).

Die Nibelungen

„Rüdiger ist tot, erschlagen von den Wormsern."

Dietrich kann es nicht glauben.

„Gehen wir!" sagt er dann.

Vor dem Saal bleiben sie stehen.

„Was habt Ihr mit Rüdiger gemacht?" fragt Dietrich.

„Im Kampf mit uns ist er gefallen, jetzt weinen wir um ihn", antwortet Hagen.

„Dann gebt uns unseren Freund heraus. Wir wollen ihn begraben."

„Wir können ihn Euch nicht geben."

„Dann holen wir ihn uns!" ruft einer von Dietrichs Rittern und stürmt auf die Tür zu.

Es kommt wieder zum Kampf.

Dietrich tötet Dankwart.

Auch Giselher fällt.

Von den Wormsern sind nur noch Gunther und Hagen am Leben.

Auch Dietrichs Ritter sind tot.

„Legt die Waffen weg und kommt mit mir. Ich will für Euch tun, was ich kann", sagt Dietrich.

„Die Waffen legen wir nicht aus der Hand, edler Dietrich, nicht in Kriemhilds Burg."

„Dann lasst uns kämpfen, Mann gegen Mann."

Mit Hagen geht er vor die Tür.

Dietrich kann ihn verwunden.

„Müde bist du, starker Ritter", denkt er. Er wirft Schwert und Schild zu Boden und packt Hagen mit beiden Händen. Hagen

Der letzte Tag

ist wirklich müde. Dietrich kann ihn binden und führt ihn zu Kriemhild.

„Lasst ihm das Leben, Königin!" bittet Dietrich.

Kriemhild lässt Hagen in den Kerker [1] werfen.

Dietrich geht zu Gunther zurück.

In der ganzen Burg hört man, wie sie kämpfen.

Dietrich kann auch Gunther binden.

Gunther wird in den Kerker gebracht, allein in eine Zelle.

Dann lässt Kriemhild Hagen holen.

„Sagt mir jetzt, wo mein Schatz liegt. Dann lasse ich Euch gehen."

„Königin, das darf ich Euch nicht sagen. Ich habe es Euren

1. **r Kerker(-)** : Gefängnis, Kellerloch.

Die Nibelungen

Brüdern geschworen: Zeit ihres Lebens sage ich es niemandem."

„Wenn das das Problem ist ...", sagt Kriemhild.

Sie lässt Gunther den Kopf abschlagen, trägt ihn selbst an den Haaren zu Hagen.

„Also?" fragt sie.

„Kriemhild, nur Gott und ich allein wissen jetzt, wo der Schatz liegt. Du wirst es nie erfahren!"

„Siehst du das?" fragt sie.

„Das ist das Schwert meines Liebsten."

Sie hebt das Schwert.

Etzel und Dietrich sehen, wie Hagens Kopf fällt.

„Mein Gott!" sagt Etzel. „Von einem Weib getötet, der edelste der Ritter!"

Dietrich steht schon vor ihr: „Weib des Teufels! Dieser Tod muss gerächt werden!"

Mit einem Schlag tötet er Kriemhild, seine Königin.

ÜBUNGEN

Leseverständnis

1 Was steht im Text, was nicht?

1. Etzel schickt seine besten Ritter in den Tod.
2. Rüdiger möchte gern kämpfen, aber er hat Angst.
3. Die Burgunder glauben, Rüdiger will nicht mit ihnen kämpfen.
4. Vor dem Kampf gibt Rüdiger Hagen einen Schild.
5. Rüdiger kämpft nicht mit den Burgundern.
6. Etzel ist am Ende, als er den toten Rüdiger sieht.
7. Die Burgunder sind alle noch am Leben.
8. Dietrich kommt, weil er die Wormser hasst.
9. Am Ende kämpft er nur noch gegen Hagen.
10. Kriemhild tötet Hagen, lässt aber Gunther gehen.
11. Gunther ist der letzte, der weiß, wo der Nibelungenschatz liegt.
12. Etzel findet es richtig, dass Kriemhild Hagen tötet.

Korrigiere die Sätze, die so nicht richtig sind!

2 Ergänze die Satzanfänge 1-6 mit den Sätzen a-f:

1. ☐ Etzel denkt,
2. ☐ Kriemhild ist böse auf Rüdiger,
3. ☐ Rüdiger will nicht kämpfen,
4. ☐ Rüdiger tötet Gernot,
5. ☐ Dietrich kommt,
6. ☐ Dietrich sagt ihnen,

a. dass die Burgunder keine Kraft mehr haben.
b. weil seine Tochter Giselhers Frau ist.
c. sie sollen den toten Rüdiger aus dem Saal tragen, weil er begraben werden soll.
d. und der tötet ihn.
e. weil er Etzels Schrei gehört hat.
f. weil er nicht gegen die Burgunder kämpfen will.

Beantworte die Fragen

1. In welchem Konflikt steht Rüdiger?
2. Warum schreit Etzel?
3. Warum kämpft Dietrich gegen die Burgunder?
4. Worum bittet Dietrich Kriemhild?
5. Warum lässt Kriemhild ihren Bruder töten?
6. Wer lebt am Ende noch?

Und jetzt schreibst du selbst ...

1. Du bist ein Freund von Rüdiger und seiner Frau. Schreibe ihr einen Brief. Erzähle ihr, was passiert ist. (5 Sätze)
2. Du bist Bischof und hältst beim Begräbnis der vielen tausend Toten eine kurze Predigt. (6 Sätze)
3. Du bist Reporter des „Wormser Abend" und schreibst „in letzter Minute" einen ganz kurzen Artikel (4-5 Sätze) über das „Ende unseres Königshauses".
4. Etzel schreibt den letzten Band seiner Memoiren. Titel: „Zweimal war einmal zu viel". Schreibe einen Reklametext für das Buch (4-5 Sätze).

Zur Literaturgeschichte

Das Nibelungenlied ist zwischen 1100 und 1200 geschrieben worden. Von wem, wissen wir nicht. Die Sprache des Autors ist die eines Österreichers aus ritterlichem Hause. Am Text sieht man: Er kennt Passau und Wien; Worms und Xanten kennt er nicht.

Warum denken bei der Geschichte alle an etwas sehr viel Älteres, Germanisches? Elemente der Geschichte sind sehr alt, finden sich auch in der altisländischen Literatur.

Der Autor hat aus zwei Geschichten eine gemacht und auch Sagen- oder Märchenmotive [1] integriert. Was denkst du?

---

1. **s Märchen** : Rotkäppchen, Schneewittchen, ...

Welche Teile des Nibelungenepos bilden die erste, welche die zweite Geschichte?

Welche Märchenmotive findest du im Text? (drei oder vier)

Letzte Fragen zum Text

1. Warum kämpfen alle bis zum Schluss?
2. Warum bleibt Hagen bei Gunther, obwohl er weiß, dass er in Etzels Burg sterben muss?
3. Warum sagt er Kriemhild nicht, wo der Schatz liegt?
4. Wer sind die wichtigsten Personen im Text? Am Anfang, am Ende?
5. Was ist diesen Personen wichtig? welche Prinzipien haben sie?

Literarische Motive

Kennst du die folgenden Motive aus anderen Texten, aus Filmen oder von Bildern:

1. das Blut trinken (das Herz essen)
2. den Drachen töten
3. die Nixen
4. das (magische) Schwert?

Kennst du die Literatur Europas dieser Zeit?

Denk an den Chanson du Roland, an den Kreis Friedrich II. in Sizilien, und ... (die kommen aber erst später:) an Cavalcanti oder Dante. Welche literarischen Arbeiten sind hier am wichtigsten, am größten, am modernsten, am interessantesten?